Eduard Meyer

Geschichte des Königreichs Pontos

Eduard Meyer

Geschichte des Königreichs Pontos

ISBN/EAN: 9783743410794

Hergestellt in Europa, USA, Kanada, Australien, Japan

Cover: Foto ©ninafisch / pixelio.de

Manufactured and distributed by brebook publishing software
(www.brebook.com)

Eduard Meyer

Geschichte des Königreichs Pontos

GESCHICHTE

DES

KÖNIGREICHS PONTOS

VON

EDUARD MEYER

DR PHIL.

PRIVATDOCENTEN DER ALTEN GESCHICHTE AN DER UNIVERSITÄT LEIPZIG.

———————

LEIPZIG,

VERLAG VON WILHELM ENGELMANN.

1879.

ALS EIN ZEICHEN SEINES DANKES

FÜR DIE SEINEN WISSENSCHAFTLICHEN BESTREBUNGEN

BEREITWILLIGST GEWÄHRTE UNTERSTÜTZUNG

DER VERFASSER.

Vorwort.

Die Geschichte des Königreichs Pontos ist bisher noch nicht in einer Weise behandelt worden, die den Ansprüchen wissenschaftlicher Kritik genügt, oder auch nur das vorhandene Material übersichtlich zusammenstellt. Vaillants umfangreiches Werk [1]) ist vielleicht die ungenügendste Arbeit dieses Gelehrten und besteht nur aus einer keineswegs vollständigen Sammlung der Nachrichten der Schriftsteller und einer Zusammenstellung der Münzen. Auch der treffliche Visconti [2]), dem die hellenistische Geschichte sonst so viele Förderung verdankt, ist in der Geschichte von Pontos nicht über seine Vorgänger hinausgekommen. Mehr bieten Mannerts [3]) und Niebuhrs [4]) gelegentliche Bemerkungen, und vor allem die Untersuchung von Woltersdorff über die Chronologie Mithradates' VI. [5]) Droysen in seiner Geschichte des Hellenismus hat auf Pontos nur ganz beiläufig Rücksicht genommen; er hatte eine eingehendere Behandlung wohl für die späteren Bände aufgespart. Später hat dann Vulpert eine Dissertation über die pontischen Könige geschrieben, die indess weder kritisch genügend ist noch das Material vollständig bietet. [6]) Was sonst noch an gelegent-

---

[1]) Imperium Achaemenidarum et Arsacidarum, Paris 1725. Auf demselben Standpuncte steht Frandsen, Mithridates VI Eupator, erstes Buch. Altona 1847 (Progr.). [2]) Iconographie grecque. Vol. II.

[3]) Geographie der Griechen und Römer. Bd. VI Heft 2.

[4]) Vorträge über alte Geschichte. [5]) Commentatio vitam Mithridatis Magni sistens. Gött. 1813 (Preisschrift).

[6]) Fr. J. Vulpert, de regno Pontico eiusque principibus ad regem usque Mithridatem VI. Münster 1853. Diss. Vgl. die Recension von v. Gutschmid, Neue Jahrbücher für Philologie Bd. LXIX 1854 pg. 84—90.

lichen Notizen veröffentlicht worden ist, habe ich, soweit es
mir bekannt geworden ist, seines Orts erwähnt.

Ich hoffe bald einige weitere Untersuchungen folgen lassen
zu können, welche unter Anderem die Satrapieneintheilung des
Perserreichs, die ältere Geschichte der Königreiche Kappadokien und Armenien, die Kämpfe des Seleukos Kallinikos und
Antiochos Hierax behandeln sollen. Der Leser möge entschul-
digen, wenn ich vorgreifend die Resultate dieser Untersuchungen schon hier ein paar Mal anführen musste, ohne die Belege
dafür geben zu können.

Leipzig, den 17. November 1878.

Inhalt.

Erstes Kapitel.

Der Name Pontos. Beschaffenheit des Landes.

Durch eine leicht erklärliche Uebertragung gebrauchen schon die älteren griechischen Schriftsteller das Wort Πόντος häufig von den Küsten des schwarzen Meeres, vor allem von den griechischen Städten, welche alle Ufer desselben bedecken. So sagt Herodot οἱ δὲ λοιποὶ (Ἕλληνες) οἱ ἐκ τοῦ Πόντου stellten dem Xerxes hundert Schiffe, versteht hier unter Pontos also die Südküsten des schwarzen Meeres. Von diesen braucht auch Xenophon Πόντος mehrfach.[1]) Sehr gewöhnlich ist dagegen namentlich bei den attischen Rednern die Anwendung des Wortes auf die Griechen der taurischen Chersones und des bosporanischen Reichs. So sagt Dinarch: Παιρισάδην καὶ Σάτυρον καὶ Γόργιππον τοὺς ἐκ τοῦ Πόντου τυράννους; und Lysias: ὡς Σάτυρον τὸν ἐν τῷ Πόντῳ.[2]) Ueberall aber muss sich eine derartige Beschränkung des Wortsinnes aus dem Zusammenhange ergeben; auch findet sich Πόντος oft genug von dem ganzen Küstengebiet gebraucht.

---

[1]) Her. VII 95. Xen. Anab. V 6, 15. VII 1, 1.

[2]) Dinarch 1, 43. Lys. 16, 4. Isokr. 17, 3. 56 u. a. Auch bei späteren, die den Sprachgebrauch ihrer Quellen beibehalten, findet sich Pontus noch zuweilen von den Nordküsten des schwarzen Meeres gebraucht; so Trogus prol. 37: ut Mithridates ... subegit Pontum (d. i. das bosporanische Reich) et Paphlagoniam; vgl. Justin XXXVII 3, 3 Jeep; XXXVIII 7, 4: bella Pontica; ferner Trog. prol. 13: ut Zopyrion in Ponto (d. i. Thrakien und Skythien, s. Curt. X 1, 44. Macrob. Sat. I 11, 33) cum exercitu periit. Ebenso Justin XII 2, 16 Zopyrion, praefectus Ponti ab Alexandro relictus. Vom bospor. Reich Diod. XVI 52, 10. XX 22, 10 u. a.

Für den Theil Kleinasiens dagegen, den wir gewöhnlich als Pontos bezeichnen, kommt der Name erst sehr spät in Aufnahme. Als sich hier in der hellenischen Zeit ein Staat bildete, der viele verschiedene Volksstämme umfasste, wurde dieser zunächst Kappadokien, oder genauer Kappadokien am Pontos genannt. Daraus ist dann allmählich die abgekürzte Bezeichnung Pontos entstanden. Aber noch Polybios kennt diese nicht; er nennt das Reich *Καππαδοχία ἡ περὶ τὸν Εὔξεινον.*[1])

Dieses Reich nun war aus sehr verschiedenen Nationalitäten zusammengesetzt. Es war durch Eroberung entstanden und seine Grenzen schwanken daher, sind auch weder natürlich noch national. Es ist daher am passendsten, wenn wir der Bezeichnung „pontische Landschaften" den weitesten Umfang des Königreichs Pontos zu Grunde legen und, nach Strabos Vorgange, Kleinarmenien und das innere Paphlagonien mit einschliessen.[2]) Geographisch gesprochen, umfassen sie also das Gebiet der nordkleinasiatischen Küstengebirge etwa von der Mündung des Apsaros (Tschoruk) bis zum Parthenios (Bartan Tschai), die nördlichsten Theile der kleinasiatischen Hochländer, und die westliche Hülfte des oberen Euphratthals.

An der Südküste des Pontos zieht sich ein Gebirgszug hin, der im Osten, wo er sich vom Kaukasos ablöst und das Thal der Phasis südlich begrenzt, von den Alten mit dem Namen der moschischen Berge,[3]) später, etwa vom Durchbruch des Apsaros an bis an den Thermodon und Iris — hier heissen

---

[1]) Strabo XII 1, 4 Meineke. Polyb. V 43, 1. vgl. u. [2]) Strabo XII cap. 3. Ebenso Kiepert, Atlas antiquus Tab. IV. [3]) Strabo XI 2, 15. 12, 4. XII 3, 18. Für alles folgende vgl. Ritter's Erdkunde Bd. XVIII (Kleinasien Bd. I), namentlich die Uebersicht pag. 11—40. Ferner Hamilton's Researches in Asia Minor Bd. I (übersetzt von Schomburgk). Bei Anführung der alten Schriftsteller habe ich mich auf die wichtigsten Citate beschränkt.

seine Ausläufer gegenwärtig Mason dagh d. i. Ἀμαζόνιον ὄρος[1]) — mit dem Namen Paryadres (Plin. Parihedris) belegt wird.[2]) Der Kamm des Gebirges erhebt sich bis zu 5000 Fuss (im Osten noch höher, bis 8000 Fuss); die vorliegenden Hügel, üppig bewaldet und von vielen Gebirgsbächen durchschnitten, welche in der Regel kleine aber fruchtbare Mündungsthäler bilden, treten bis unmittelbar ans Meer hinan; ein Uferland fehlt daher gänzlich. Hinter dem Paryadres, nur durch schmale, von wilden Gebirgsströmen durchschnittene Thäler von ihm getrennt, erhebt sich ein weit höheres wildes und unzugängliches Gebirge, der Skydises Strabos (Kepan dagh, Kop dagh u. a.[3]) Diese bis über 10000 Fuss ansteigenden Schneeberge bilden die Wasserscheide zwischen den pontischen Flüssen und dem Gebiet des Araxes und Euphrat im Süden. Im Westen geht dies Gebirge über in den südwestlich sich hinziehenden kappadokischen Antitauros,[4]) die continentale Begrenzung Kleinasiens, die Wasserscheide zwischen Halys und Euphrat. Weiter nördlich zweigen sich mehrere Ketten ab, die von den Alten zum Paryadres gerechnet werden, mit dem sie sich auch mehrfach verbinden, so der Gümüsch dagh zwischen dem Tarabulus See und dem oberen Lykos, die Gebirgsketten zwischen Lykos und Iris (Kemer dagh) und im Süden vom Iris der Tschamlybel (5000 Fuss), die Nordgrenze des inneren kleinasiatischen Hochlands. Alle diese Ketten erheben sich steil vom Meere aus, während sie sich nach Süden gegen die hinterliegenden Hochthäler immer nur sanft senken.

Auch westlich vom Irisdurchbruch setzen sich diese par-

---

[1]) Hamilton I 265 d. Uebers. Ritter XVIII 103. Apoll. Rhod. B 972. Plin. VI 4, 10.   [2]) Strabo XI 12, 4. XII 3, 18. 28. 30 u. a. Plin. VI 9, 25.
[3]) Strabo XI 2, 15. 14, 1. XI 13, 18. Ritter XVIII 76 f. u. sonst.
[4]) Strabo nennt ihn den kappadokischen im Gegensatz zum sophenischen Antitauros, wie er die sich längs der Ostseite des oberen Euphrat (Frat) hinziehenden Gebirge bezeichnet; s. XI 12, 4. 14, 2.

allelen Gebirgsketten (bei Strabo hier Lithros und Ophlimos genannt[1]) fort, und dann, nachdem der Halys sich durch sie hindurchgezwängt hat, in Paphlagonien. Die wegen ihrer Fichtenwaldungen so berühmte Uferkette hat hier bei den Alten keinen Namen, wenn wir nicht in dem von Appian als Grenzgebirge zwischen Pontos und Bithynien genannten Σκο-ϱόβας ὄϱος[2]) ihren westlichen Theil zu erkennen haben. Süd-lich vom Thale des Amnias (Gök Irmak) erhebt sich dann der wilde Olgassys (Alkaz dagh) bis zu 6000 Fuss, und hinter dem nächsten Zuflusse des Halys, dem Dewerek Tschai, dessen alter Name uns nicht erhalten ist, die galatischen Gebirge (Orminius mons im W.), welche die Alten nicht mit Unrecht Olymp nennen, da der mysische Olymp bei Brussa in der That nur ihre westliche Fortsetzung ist. Diese Gebirge verzweigen sich dann mit verschiedenen Aesten in das grosse ungefähr 3000 Fuss hohe baumlose lykaonische Hochland.

Die pontischen Gebirge sind durchweg reich bewaldet, namentlich aber waren die östlichen Gebirge wegen ihres Reichthums an Obstbäumen aller Art, an Wäldern von Kir-schen-, Aepfel- und Birnbäumen, die paphlagonische Küste durch ihr gutes Schiffsbauholz berühmt.[3]) Ausserdem sind die Berge sehr metallreich. Noch heute finden sich überall Kupferminen.[4]) Berühmter noch sind im Alterthum die Eisenbergwerke oder vielmehr Eisenschmelzen der Chalyber bei Unieh[5]), die Silbergruben von Gümüschchane (im Skydises) und die von Argyria bei Tripolis.[6]) Die niedrigeren Hügel sind oft sehr fruchtbar, sowohl an der Meeresküste — die paphlagonischen Küstenhöhen trugen Oliven[7]) — wie im Innern. Vor allem reich aber sind die wenigen grösseren

---

[1]) Strabo XII 3, 30.   [2]) Appian Mithr. 19.   [3]) Strabo XII 3, 12.
[4]) s. Hamilton u. Ritter.   [5]) Hamilton I 257 ff. Ritter XVIII 847 ff.
[6]) Hamilton I 221. 244. Ritter XVIII 823. 829. Ἀϱγύϱια Arrian.
peripl. 24.   [7]) Strabo l. c.

Hochebenen innerhalb der Gebirge. An erster Stelle ist hier
die Ebene Phanaroea zu nennen, ein breites, etwa 1000 Fuss
hoch liegendes Becken zwischen Kemer dagh und dem Küstengebirge, in dem Iris und Lykos zusammenfliessen (bei Eupatoria). Strabo beschreibt die Ebene folgendermassen: „Phanaroea ist die reichte Landschaft von Pontos; denn hier wächst
die Olive [1]) und guter Wein, und sie hat alle sonstigen Vorzüge.
Von Osten her zieht sich die Paryadres ihr parallel hin, im
Westen liegen der Lithros und der Ophlimos; sie ist ein Thal-
kessel von bedeutender Länge (ca. 9 Ml.) und Breite (ca. 5 Ml.),
und wird von dem Iris und dem Lykos durchströmt, die sich
ungefähr in ihrer Mitte vereinigen.[2]) — Westlich von Phanaroea
liegt nach dem Halys zu Phazemonitis, zwar weit gebirgiger
und nicht so fruchtbar, doch nach Strabo wie nach Hamilton
getreidereich, gegenwärtig auch zum grössten Theil mit herr-
lichen Wäldern bedeckt.[3]) In ihrem Osten liegt nach Strabo
ein grosser See, Stiphane, reich an Fischen und von fetten
Weiden umgeben; gegenwärtig ist er grösstentheils zugewachsen.
In der Nähe befinden sich auch warme Quellen (bei Kawsa),
im Alterthum wie noch heute ein vielbesuchter Badeort. Auch
nordwestlich von Amasia öffnet sich nach dem Halys zu eine weite
und wie schon ihr Name Chiliokomon sagt fruchtbare Ebene.[4])

Sonst wären noch zu erwähnen die Hochebene Daximo-
nitis (Kaz owa westlich von Tokat), ein $\varepsilon\H{v}\delta\alpha\iota\mu o\nu$ $\pi\varepsilon\delta\iota o\nu$,
welches der Iris durchfliesst und das wie Phanaroea sich deut-
lich als ehemaliges Seebecken ausweist[5]); die Hochthäler des
Lykos; das Thal der unteren Amnias, Domanitis, $\iota\kappa\alpha\nu\tilde{\omega}\varsigma$
$\dot{\alpha}\gamma\alpha\vartheta\grave{\eta}$ $\chi\acute{\omega}\varrho\alpha,$[6]) und die gegenwärtig reich bebaute, aber den
Alten fast unbekannte Thalebene des Dewerek Tschai.[7])

---

[1]) jetzt allerdings nicht mehr, s. Hamilton I 349. Ritter XVIII 224.
[2]) Strabo XII 3, 30.   [3]) Strabo XII 3, 29. Hamilton I 311.
[4]) Strabo XII 3, 30. Ritter XVIII 178.   [5]) Strabo XII 3, 15. Hamilton
I 332.   [6]) Strabo l. c. 40. Hamilton I 300 ff.   [7]) Ritter XVIII 405 ff.

Steil erheben sich am ganzen Nordrande Kleinasiens die
Küstengebirge aus dem Meer. Nur an einer Stelle haben
die Alluvionen der Flüsse eine grössere Uferlandschaft ge-
schaffen, da wo Halys, Lykastos, Iris und Thermodon einander
benachbart ins Meer fallen. Strabo beschreibt dies Gebiet
folgendermassen: „Von der Mündung des Halys erstreckt sich
Gazelonitis bis nach Saramene, ein fruchtbares, ganz ebenes
Land, das alle Producte trägt ($\pi\acute{\alpha}\mu\varphi o\varrho o\varsigma$); hier werden auch
Schafe mit weicher Wolle gezüchtet, die sonst in ganz Kappa-
dokien und Pontos fast völlig mangeln [1]); auch Antilopen kom-
men hier vor." Es folgt Saramene mit Amisos, eine $\varkappa\alpha\lambda\grave{\eta}$ $\chi\acute{\omega}\varrho\alpha$
— in der zwei von Arrian erwähnte Lagunen liegen [2]) — und
dann die reiche Ebene Themiskyra. „Diese ist im N. vom
Meere bespült, im S. wird sie von reichbewaldeten Bergen begrenzt, aus denen viele Bäche hervorströmen. Sie alle vereinigt der Thermodon, der durch die Ebene hinfliesst; und
ihm parallel fliesst der Iris durch dieselbe Landschaft. Daher
ist diese immer bewässert und grünend, so dass sie zu gleicher
Zeit Heerden von Rindern und Pferden ernähren und Moor-
hirse und Hirse in reichster Fülle tragen kann. Die Bewässe-
rung ist so stark, dass keine Dürre dem Lande schadet und
Hungersnoth nie eintritt. Dazu ist das Hügelland reich an
allem Obst, das hier das ganze Jahr hindurch wild wächst,
Wein, Aepfel, Birnen und Nüsse. In Folge dessen sind hier
auch jagdbare Thiere aller Art häufig."[3]) Jetzt ist die
Ebene zum grossen Theil sumpfig und von undurchdringlichen
Waldungen bedeckt. —

---

[1]) Da diese sich hier jetzt nicht findet, glaubt Hamilton, wohl
ohne genügenden Grund, Gazelonitis liege weiter im Innern: I 276.

[2]) Arr. peripl. 22. Ritter XVIII 438 ff. — Zu Themiskyra gehört
auch das von Appoll. Rhod. *B* 873 genannte *Ἰολαντος πεδίον*, vgl. die
Schol.; ferner Steph. Byz. s. v. *Ἰολαντος πεδίον* und *Ἀκμόνιον*.

[3]) Strabo XII 3, 13—15.

Einen ganz anderen Charakter trägt das innere Hochland, ein ebenes einförmiges Plateau, 3500 bis 4000 Fuss über dem Meeresspiegel, nur von einzelnen Höhen und schmalen Wasserrinnen durchzogen. Auf den weiten Flächen steht kein Baum; im Winter kalt und mit Schnee bedeckt, sind sie im Sommer glühend heiss, so dass selbst die Viehzucht hier nur schlecht gedeiht. Das einzige Product des Plateaus ist Salz, das am oberen Halys, in der Landschaft Ximene, deren von Strabo erwähnte Salinen bei Tschajankjöi liegen,[1]) bei Gangra in Paphlagonien und sonst in reicher Menge gefunden wird. Die Alten erklären daher den Namen Halys nicht unpassend als „Salzfluss".[2]) — Auch Kleinarmenien ist, soweit es nicht von den wilden, waldigen Höhen des Skydises und Antitauros durchzogen wird, ein Hochland, das sich zum Euphrat hin senkt; es ist weniger dürr und öde als das kleinasiatische Plateau. Strabo bezeichnet es als „mässig fruchtbar" ($\varepsilon\dot{v}\delta\alpha\iota$-$\mu\omega\nu$ $\dot{\iota}\varkappa\alpha\nu\tilde{\omega}\varsigma$).[3])

Ausser den Küstenflüssen durchziehen Pontos zwei grosse Ströme, der Halys und die Iris mit dem Lykos. Jener, der „rothgelbe Fluss" (Kyzyl Irmak), entspringt in den kleinarmenischen Gebirgen in einer Höhe von etwa 5000 Fuss, durchzieht dann in langem Bogen das innere Hochland, nur kleinere Zuflüsse in sich aufnehmend, erreicht bei Osmandjik in etwa 1000 Fuss absoluter Höhe die Küstengebirge, durch deren Ketten er sich nun in vielen Windungen und meist durch enge Schluchten mit starkem Gefäll hindurchzwängt, um dann nach kurzem Lauf durch die Mündungsebene das Meer zu erreichen, nur 40 Meilen von seiner Quelle, aber nach einem Lauf von 140 Meilen. Der Halys ist ein wasserarmer Strom,

---

[1]) Strabo XII 3, 39. Hamilton I 374 f. Ritter XVIII 261. 343. 353 ff. [2]) Strabo XII 3, 12. 39. Nach Kiepert bei Ritter XVIII 240 ist die Etymologie auch in Wirklichkeit richtig, da al armenisch „Salz" heisst. [3]) Strabo XII 3, 28.

der noch nahe seiner Mündung im Sommer durchritten werden kann[1]); nur in der Regenzeit überschwemmt er seine Ufer, ohne dadurch zu ihrer Befruchtung beizutragen. Schiffbar ist er nirgends, schon wegen seines starken Gefälls und seiner vielen Wasserstürze. „Der Halys," sagt Ritter, „ist keine belebende Ader des Bodens, gleich vielen andern Strömen, er überschwemmt nur im Herbst seine Ufer, die nirgends eingedämmt werden, dient zu keiner künstlichen Irrigation seiner Uferlandschaften, ist ohne Schiffe, selbst ohne Barken, auch ohne Fischerleben; er fliesst, von Menschen gänzlich vernachlässigt, fast unnütz dahin bis zum Meere."[2]) Nur als Schutzwehr des Landes gegen feindliche Angriffe ist er mitunter dienlich gewesen.

Auch der Iris ist kein schiffbarer Fluss. Er entspringt denselben Bergen, aus denen der Halys kommt, zieht sich nördlich von Tschamlybel durch die Ebene Daximonitis, nimmt dann den Skylax in sich auf und wendet sich nordwärts nach Amasia, um hier die nächste Gebirgskette zu durchbrechen und in der Ebene Phanaroea sich mit dem Lykos zu vereinigen. Noch bei Amasia ist der Fluss nur etwa 80 Fuss breit und selten 3 Fuss tief; nur im Frühjahr überschwemmt er hier und da seine Ufer.[3]) Weit wasserreicher ist dagegen der Lykos, da dieser aus dem höchsten Stock des Skydises ganz in der Nähe des Euphrat entspringt. Sein oberer Lauf ist von hohen, wilden Gebirgszügen begleitet, die reiche Thäler einschliessen, wie denn überhaupt das Lykosthal noch jetzt zu den wohlhabendsten Kleinasiens gehört.[4]) Nachdem er sich mit dem Iris vereinigt hat, wendet sich der Strom nach Norden, durchbricht das vorliegende Gebirge und ergiesst sich in breitem und tiefem Bett durch die Ebene Themiskyra ins Meer.

---

[1]) Hamilton I 277.   [2]) Ritter XVIII 400.
[3]) ib. XVIII 176.   [4]) ib. 216.

Die ganze Südküste des „ungastlichen" Meeres ermangelt der natürlichen Häfen. Selbst die am günstigsten gelegenen Orte, Heraklea, Amastris, Sinope sind nur wenig gegen die so gefährlichen Nordost- und Nordstürme geschützt, und alle übrigen Rheden liegen ihnen fast gänzlich offen. Dazu kommt, dass alle Hafenbuchten — die meist an der Mündung eines schuttanhäufenden Küstenstroms liegen — seicht sind und grösseren Schiffen keine sichere Annäherung gewähren.[1] Nur die wunderbare Energie der Griechen vermochte hier eine solche Anzahl grösserer Häfen und kleiner Rheden zu schaffen. Dagegen sei hier noch erwähnt, dass das Meer durch seinen Fischreichthum mit Recht berühmt war, und namentlich der so reiche Thunfisch- und Pelamydenfang eine Hauptnahrungsquelle für die Anwohner der östlichen Ufer wie für Sinope bildete.[2]

Es ist klar, dass ein Land wie das geschilderte von der Natur nicht dazu bestimmt ist, selbstständig in das Leben der Geschichte einzugreifen. Die wilden Berge des Ostens trotzen jeder Civilisation, und noch heute leben dort die Stämme in derselben Weise wie vor Jahrtausenden, in der Geschichte nur genannt, wenn fremde Eroberer auch in diese Schlupfwinkel eindringen. Auch das öde Hochland des Innern konnte keine Cultur entwickeln; einzig in den fruchtbaren Thälern der Küstengebirge, namentlich am Iris und Lykos, waren die Anfänge höherer Entwickelung möglich. Hier allein haben sich denn auch Städte gebildet, die nicht auf Gründung durch einen sei es fremden sei es einheimischen Herrscher zurückgehn: Amasia und Tokat, das an die Stelle des alten Komana getreten ist. In neuerer Zeit haben die pontischen Landschaften — abgesehn von der Zeit, wo die

---

[1] Ritter XVIII 23. 750 ff. [2] Strabo VII 6, 2. XII 3, 11. 19.
Ritter XVIII 794 ff.

türkische Dynastie von Kastamuni blühte — in der Geschichte
nur passiv eine Rolle gespielt; und die Bedeutung, die sie im
Alterthume erlangt haben, verdanken sie fremden Elementen:
griechischen Colonisten und persischen Fürsten, die durch ihre
Energie und die Gunst der Umstände in den Stand gesetzt
wurden, so mächtig in den Lauf der Weltgeschichte einzugreifen.

Zweites Kapitel.

Die Bewohner der pontischen Landschaften.

Die pontischen Küstengebirge von Kolchis bis zur Ther-
modonmündung sind im Alterthum von einer Reihe wilder
Stämme bewohnt, von denen die östlichen, dem südkaukasi-
schen (georgischen) Volksstamme angehörig, gegenwärtig, und
schon seit den späteren Zeiten des byzantinischen Reichs,
unter dem Namen Lazen zusammengefasst werden, während
die Stämme westlich von Trapezunt, wahrscheinlich ursprünglich demselben Sprach- und Volksstamm angehörend, allmählich in die Griechen, Armenier und Türken aufgegangen sind,
ohne dass indessen Lebensweise und Sitte sich wesentlich ge-
ändert haben. Es ist nicht nöthig, von diesen Stämmen, von
denen einige durch Xenophons Schilderungen genauer bekannt
sind, mehr als die Namen aufzuzählen.[1]) An der Küste sind
die nächsten Nachbarn der Kolcher die Byzerer (Hekataeos

---

[1]) Man vergl. im Allgem. Hekat. fr. 190—195. Müller vol. I. Herodot
III 91 ff. und VII 76. Xen. Anab. V 5 u. s. Skylax peripl. 81—88.
Strabo XII 3, 18 f. Anon. (Scymni) perieg. 900 ff. Arrian peripl. 15. 21.
Apollon. Rhod. B 372—397. 1101—1130 mit den schol. Dionys. Perieg.
761 ff. und Eustath. dazu. Plin. VI 4, 11 ff. u. a.

Dizeres), dann die Ekecheirier (Hekat. *Χοί*), vielleicht identisch mit Xenophons Taochern,[1]) die Becheirer, bei Trapezus die Makronen (Makrokephalen, später als Sannen oder richtiger Tzanen der Hauptstamm dieser Gegend), die nur von Xenophon genannten Kolcher und Drilen,[2]) dann die wildesten von allen, die Mosynoeken (Heptakometen), darauf die Chalyber (oder Chaldaeer) und Tibarener. Im Innern finden wir die Chalyber weit ausgebreitet; weiter östlich, im Quellgebiet des Euphrat und Araxes, nennt Xenophon die Skythinen, Taocher, Phasianen; am Apsaros wohnen die Saspeiren, nach Herodot das einzige Volk zwischen Kolchis und Medien,[3]) weiter nördlich die Moscher in den kolchisch-armenischen Grenzgebirgen. Endlich werden noch genannt Marer,[4]) Ligyer,[5]) und Appaiten oder Kerketen.[6])

Unter diesen Stämmen sind bei den Griechen die Chalyber, auch Chaldaeer genannt,[7]) zu hoher Berühmtheit gelangt als die ältesten Schmiede.[8]) Die Stätte ihrer mühsäligen Thätig-

---

[1]) wenigstens steht bei Diod. XIV 29, 1 *ἡ Χάων καὶ Φασιανῶν χώρα* an Stelle der Phasianen und Taocher Xenophons. Sophaenetos dagegen nannte sie *Τάοι*: Steph. Byz. s. v. *Τάοχοι*.

[2]) Allerdings findet Arrian peripl. 15 die Kolcher bei Trapezus wieder. Die Drilen setzt er den Sannen gleich. — Hier schieben einzelne auch noch die Philyrer ein, deren Name der kleinen Insel Philyris entlehnt ist.   [3]) Herodot I 104. IV 37.

[4]) Herodot III 93. Hekat. fr. 192.   [5]) Herod. VII 76.

[6]) Strabo XII 3, 18.

[7]) Beide Namen finden sich bei Xenophon und sonst neben einander. Armenisch heissen sie Chalti, z. B. Mos. Chor. hist. II 4. geogr. 62, wo sie den Tzanen gleichgesetzt werden; dazu stimmt, dass Steph. Byz. s. v. *Χαλδία* und Eustath. ad Dionys. 767 *Χαλδία* eine *χώρα τῆς Ἀρμενίας* nennen; vgl. Whiston zu Mos. Chor. II 4. S. auch Schrader, Ztschr. D. Morg. Ges. XXVII 399 f.

[8]) Man vgl. Apoll. Rhod. *B* 374 *μετὰ δὲ σμυγερώτατοι ἀνδρῶν τρηχείην Χάλυβες καὶ ἀτειρέα γαῖαν ἔχουσιν ἐργατίναι· τοὶ δ' ἀμφὶ σιδήρεα ἔργα μέλονται*. Ferner *B* 1001 ff. u. schol. Dionys. perieg. 768 ff. u. Eustath. dazu. Ferner z. B. Xen. Anab. V 5, 1. Steph. Byz. s. v. *Χάλυβες*. Strabo XII 3, 19.

keit ist bei Unieh, dem alten Oenoe, von Hamilton wieder
aufgefunden und herrschen noch jetzt die von den Alten ge-
schilderten Zustände. Es sind keine eigentlichen Bergwerke,
sondern das Eisenerz befindet sich überall unter der Ober-
fläche der Hügel. „Das Erz ist nicht sehr ergiebig, und die
Bergleute müssen, wie die Chalyber, ein hartes, mühevolles
Leben führen; sie sind zugleich Kohlenbrenner, und versetzen
ihre Hütten und Schmieden in eine ergiebigere Gegend, sobald sie in ihrer unmittelbaren Nähe das Erz erschöpft und
das Holz verbraucht haben ... Es verdient vielleicht Beach-
tung, dass das gefundene Erz an dieser Stelle ... gerade in
einer Weise und unter Umständen vorkommt, welche am meisten
geeignet sind, die Aufmerksamkeit eines rohen, unwissenden
Volkes auf sich zu ziehn."[1] Wie früh die Griechen den
chalybischen Stahl kennen lernten, ist bekannt; auch Silber
wurde hier in ältester Zeit gewonnen. Denn seit Hamilton
ein altes ergiebiges aber nicht mehr bearbeitetes Silberberg-
werk östlich von Tripolis gefunden hat, genau an der Stelle,
wo Arrian[2] den Ort Argyria erwähnt, kann es wohl keinem
Zweifel mehr unterliegen, dass die Angabe des Schiffscatalogs,
die Alizonen kämen τήλοθεν ἐξ Ἀλύβης, ὅθεν ἀργύρου ἐστι
γενέθλη sich wirklich, wie Strabo behauptete, auf die Chalyber
bezieht.[3] Strabo kennt dies Bergwerk allerdings nicht; aber
Arrians Angabe beweist, dass es im Alterthum existirte.

Die Chalyber bei Oenoe sind nur ein kleiner, armer Theil
des Volksstammes, zu Xenophons Zeiten den Mosynoeken unter-
than[4]; den Haupttheil des Volkes, der weiter im Innern in
den Höhen des Paryadres und Skydises sass, bezeichnet Xeno-

---

[1] Hamilton I 258. Ritter XVIII 847 ff.   [2] Arrian peripl. 24.
Hamilton I 244.   [3] Il. B 856 f. Strabo XII 3, 20—27.
   [4] Xen. Anab. V 5, 1. Wenn Herodot I 28 auch westlich vom
Halys Chalyber erwähnt, so beruht dies wohl auf einem Irrthum; wenigstens werden sie hier sonst nie genannt.

phon als den kräftigsten und tapfersten Stamm, dessen Gebiet die Griechen durchzogen hätten.[1] Auch hier liegen Kupfer- und Silbergruben (bei Gümüschchane, Chalvar u. a.), die jedenfalls auch im Alterthum schon bearbeitet wurden.

In älterer Zeit erscheinen die Moscher und Tibarenor, später nur kleine Stämme, als Hauptvölker. In der Völkertafel der Genesis sind Meshech und Tubal Söhne Japhets,[2] und bei Ezechiel tauschen die Tyrier ihre Waaren bei Javan Meshech und Tubal gegen Kupfer und Sclaven um.[3] Auch in Tubalqain, dem Namen des Stammvaters der Schmiede in der Genesis, steckt wahrscheinlich der Name der Tibarener.

Genaueres erfahren wir aus assyrischen Quellen, in denen die beiden Völker unter dem Namen Muski und Tabali erscheinen, neben denen sich die Kolcher als Kaski finden. Die Nachrichten über sie hat Gelzer zusammengestellt, dessen Annahmen neuerdings Schrader mehrfach berichtigt.[4] Danach sind die Muski die nordwestlichen Grenznachbarn der Armenier. Offenbar ist der Name des östlichsten der Küstenstämme von den Assyrern auf alle anderen übertragen. Die Tabali dagegen sind die Bewohner des ganzen inneren Kappadokiens. Sie grenzen östlich an den Euphrat, südlich an die Ḫilakki (Kiliker), über die Sargon dem Amris König der Tabalai die Herrschaft verleiht. Salmanassar erwähnt einmal vierundzwan-

---

[1] Xen. Anab. IV 7, 15. [2] Gen. 10, 2. Ps. 120, 5 erscheint משך als Volk des äussersten Nordens; ähnlich תבל Jes. 66, 19. Vgl. Ezech. 38, 2. 3. 39, 1. Vgl. Kiepert, Monatsber. Berl. Akad. 1859, 209 ff. [3] Ezech. 27, 13. [4] Gelzer, „Sinope in den Keiltexten" in Ztschr. f. Aeg. Sprache 1874 p. 114—121 und „Kappadocien und seine Bewohner" ib. 1875, pg. 14—26. Schrader, Keilinschriften und Geschichtsforschung, pg. 155—162; derselbe zeigt namentlich, dass Gelzers Identificirung von mat Qui und Sinope auf einem Irrthum beruht (p. 236 ff.). Vgl. ferner Schrader, Keilinschr. u. A. T. p. 12 f. und die gelegentlichen Erwähnungen in Dunckers Gesch. des Alterth. und Masperos Geschichte der morgenl. Völker, übers. von Pietschmann.

zig Fürsten von Tabal. Gelzer sucht nachzuweisen, dass zu
ihrem Gebiet auch Kataonien unter dem Namen Bit-Burutas
und Melitene (ass. Miliddu) gehörte, dass die späteren Kataoner die Nachkommen der alten Tibarener sind. Und in der
That erwähnt noch Cicero Tibarani als einen wilden Berg-
stamm in der Nachbarschaft der Eleutherocilices.[1]

Es entsteht nun die Frage, wie sich die Kappadoker zu
den Tibarenern verhalten. Gelzer, Maspero und Andere nehmen an, die Kappadoker seien von den Persern hierher verpflanzte eranische Colonisten. Indessen dafür gibt es keinen
weiteren Beweis, als dass der Name (Katpatuka) zuerst in der
Perserzeit auftaucht. Dagegen weiss unsere Ueberlieferung
nichts von einer Mischung verschiedener Elemente in Kappadokien. Strabo, der ja hier unbedingte Autorität ist, sagt,
das ganze Gebiet, welches im Süden vom Tauros, im Osten
vom Euphrat, den Armeniern und den Stämmen der pontischen
Gebirge, im Norden vom schwarzen Meer, im Westen vom
Halys, Galatien und Lykaonien begrenzt werde, sei von einer
einzigen gleichsprachigen Nation bewohnt, den Kappadokern.
Auch von den Kataonern sagt er nicht bestimmt, dass sie ursprünglich ein anderer Volksstamm gewesen seien; seine Worte
sind: „Von diesen gleichsprachigen Stämmen rechneten die
Alten die Kataoner als ein Volk für sich, getrennt von den
Kappadokern, so dass sie in der Aufzählung der Völker nach
den Kappadokern die Kataoner ansetzten, dann den Euphrat
und die jenseitigen Völker. Melitene rechneten sie zu Kataonien ... Da nun weder in der Sprache irgend ein Unterschied von den übrigen Kappadokern sich zeigt noch in den
Sitten, so sind in wunderbarer Weise die Kennzeichen verschiedener Nationalität gänzlich verschwunden."[2] Es ist klar,
dass nur politische Gründe die Trennung zwischen Kappa-

---

[1] ad fam. XV 4.   [2] Strabo XII 1, 1. 2.

dokern und Kataonern veranlasst hatten. Und nun wissen wir aus Herodot, dass dies ganze Gebiet, Kataonien, Melitene, sowie die Landschaft von Mazaka am Halys, die noch später Kilikien heisst, während der Perserzeit und jedenfalls auch schon früher zu Kilikien gehörte,[1]) während die westlicheren Landschaften, das Gebiet von Tyana bis an den Tauros, auch politisch zu Kappadokien gerechnet wurde.[2]) Ein vollgiltiger Beweis, dass wir es hier lediglich mit einem politischen Unterschiede zu thun haben, liegt darin, dass von den beiden ganz gleich organisirten Nationalheiligthümern der Kappadoker, den beiden Komana, das eine und sogar angeblich das ältere in Kataonien lag.[3]) Waren daher die Kataoner Tibarener, so sind wir zu der Annahme genöthigt, dass diese mit den späteren Kappadokern entweder geradezu identisch oder doch auf das engste verwandt waren. Der alte Name hat sich dann später wie · so häufig auf einen kleinen Theil des alten Gebietes beschränkt.[4]) Dass hierzu, wie Gelzer annimmt, der Einfall der Kimmerier beigetragen haben mag, will ich nicht bestreiten.

Die Kappadoker heissen bei den Griechen in älterer Zeit Syrer oder weisse Syrer. Man hat hieraus auf semitischen Ursprung derselben geschlossen. In Wirklichkeit jedoch besagt der Name nicht mehr, als dass sie ursprünglich unter

---

[1]) Herod. I 72. V 52.   [2]) Xen. Anab. I 2, 20.

[3]) Strabo XII 2, 3. 3, 32.

[4]) Von den Griechen erfahren wir wenig über die Tibarener. Ephoros erzählte von ihnen, dass sie bei allen ihren Verrichtungen lachten und dies als die grösste Glückseligkeit betrachteten (Steph. Byz. s. v. Τιβαρηνία), eine Angabe, die dann alle späteren wiederholen. Interessanter ist, dass sich hier die bei wilden Stämmen mehrfach wiederkehrende Sitte findet, dass wenn die Frau geboren hatte, der Mann sich ins Bett legen und krank stellen musste, während die Frau ihn pflegte und alle Arbeiten verrichtete (Apoll. Rh. B 1011 ff. Zenob. paroem. V 35). Apollonios und seine Ausschreiber erwähnen auch den Schafreichthum der Tibarener (B 377 πολύρρηνες Τιβαρηνοί).

assyrischer Herrschaft standen; denn auch die Syrer selbst
verdanken ihren Namen, der aus Ἀσσύριοι abgekürzt ist, lediglich der assyrischen Oberherrschaft. Auffallend ist nur, dass
grade an der Gegend von Sinope der Name Ἀσσυρία vorwiegend haftet, obwohl sich in den assyrischen Inschriften die
Küsten des schwarzen Meeres wie dieses selbst nie erwähnt
finden.[1]) Ebensowenig ist die neuere Ansicht, die Kappadoker
seien eranische Colonisten, gerechtfertigt. Man beruft sich
hierfür, da die dürftigen Ueberreste der Sprache nur das mit
absoluter Sicherheit ergeben, dass die Kappadoker ein indoger-
manisches Volk waren,[2]) auf die Namen und auf die Culte.
Von Namen kommen nur die Königsnamen in Betracht; und
diese sind persisch, weil die Königsgeschlechter selbst persisch
waren, in Pontos wie in Kappadokien. Wenn die den Ariarathiden folgende Dynastie der Ariobarzaniden gleichfalls persische
Namen trägt, so zeigt dies nur entweder, dass auch dies Geschlecht ein persisches war, oder dass persische Namen sich
— wenigstens unter dem Adel — ebenso gut verbreitet hatten
wie griechische. Im Cultus aber werden die persischen Götter-
dienste ausdrücklich von den einheimischen geschieden. Die
Götter und den Cult von Zela bezeichnet Strabo ausdrücklich
als persische, im Unterschied von den nationalen, und ebenso
bezeichnet er die in Kappadokien so häufigen Magier als
Fremde.[3])

Alles scheint mir dafür zu sprechen, dass die Kappadoker
dem grossen indogermanischen Stamm zuzurechnen sind, dem

---

[1]) Noch Skylax 88 rechnet Ἀσσυρία vom Thermodon bis jenseits
Sinope. Vgl. Nöldeke, Ἀσσύριος, Σύριος, Σύρος in Hermes V 443 ff.
Schrader, Keilinschriften und Geschichtsforschung mehrfach. — Die
Münzen kappadokischer Satrapen mit aramäischer Legende beweisen
nur, dass aramäisch die Schriftsprache der westlichen Provinzen des
Perserreichs war.

[2]) S. Lagardes Untersuchungen in s. Gesammelten Abhandlungen.

[3]) Strabo XI 8, 4. XII 3, 37. XV 3, 15.

die meisten kleinasiatischen Stämme angehören, vor allem die Phryger, Lyder, Myser, Karer.[1]) Die Kappadoker sind unter allen diesen der verkommenste Stamm; sie haben es nie zu irgend welcher selbstständigen Cultur gebracht, und das einzige, womit sie die Welt beschenkt haben, ist der in später hellenistischer Zeit weitverbreitete Cult ihrer Nationalgöttin. Von Nationalgefühl ist in Kappadokien nie die Rede; selbst die Sage weiss von keinem Kappadoker eine Heldenthat zu erzählen und ebensowenig wird ihnen je eine Erfindung zugeschrieben. Wenn daher bei den Griechen und Römern schon ein phrygischer oder syrischer Sclave nicht viel galt, so war ein Kappadoker vollends ein vile mancipium, der höchstens zum Sänftenträger zu gebrauchen war.[2])

Städte kannten die Kappadoker nicht — höchstens Tyana[3]) und vielleicht Amasia mögen schon früh zu Bedeutung gekommen sein. Sie lebten von Ackerbau und Viehzucht auf dem wie wir sahen, abgesehn von den Küstengebieten, dürren und vegetationsarmen Lande. Zum Schutze gegen feindliche Angriffe dienten Felsburgen; sonst vereinigte sich die Bevölkerung höchstens in grossen Dörfern. Es ist wahrscheinlich, dass die grosse Masse der Bevölkerung leibeigen und wenigen Herren, die vermuthlich in den Burgen sassen[4]), unterthänig war. Gelzer hat hierfür eine Stelle des Isidor von Pelusium angezogen, die besagt, dass den Kappadokern ὁ βίος οὐκ ἄλλοθεν ἢ ἐκ δουλείας καὶ γεηπονίας συνίσταται.[5]) So

---

[1]) Vgl. m. „Geschichte von Troas" pg. 7. 24. 44.

[2]) Man vergleiche die Bemerkungen, die noch Constantinus porphyrog. über den Charakter der Kappadoker macht: de themat. I pg. 21 Bonn; ebenso schlecht spricht er auch von den Paphlagonen ib. p. 29 f.

[3]) wenigstens nennt Xenophon Anab. I 2, 20 Dana, d. i. Tyana, eine πόλις οἰκουμένη, μεγάλη καὶ εὐδαίμων. Aber bei ihm heisst jeder einigermassen bevölkerte Ort ebenso. [4]) Vgl. die ἡγεμόνες in Kappadokien Polyb. XXXI 15, 1. Diod. XXXI 21 Dind.

[5]) epist. I 487 bei Gelzer Ztschr. f. aeg. Spr. 1875 pg. 26.

erklärt sich auch der bekannte horazische Vers mancipiis
locuples eget aere Cappadocum rex, welcher anzudeuten scheint,
dass die Könige sich in Geldverlegenheiten durch massen-
haften Verkauf ihrer Unterthanen zu helfen suchten.

Es ist leicht erklärlich, dass bei einem derartigen Volke
Religion und Priesterschaft eine hervorragende Rolle spiel-
ten. Die grossen Tempel waren reich an Land und Leuten,
ihre Priester standen nur dem Könige an Ansehen nach. Wir
finden bei den Kappadokern die Verehrung eines Himmels-
gottes, den die Griechen Zeus nennen[1]), und der in Tyana
den Namen Zeus Asbamaeos trägt[2]); eines Mondgottes, der
den bisher unerklärten Beinamen $Μὴν$ $Φαρνάκου$ führt[3]); und
vor allem der Nationalgöttin, welche die Griechen Artemis, die
Römer Bellona (Enyo) nennen, und die im kappadokischen wie
im pontischen Komana ihren Tempel hatte.[4]) Es würde uns
zu weit führen, wollten wir hier eine ausführlichere Schilderung
der kappadokischen Religion geben; es genüge daher anzu-
führen, dass diese Göttin eine Gottheit der Naturkraft ist, wie
die mit ihr wahrscheinlich identische kleinasiatische Göttermutter. Als Göttin der Production wird sie mit rauschenden
Freudenfesten gefeiert, und die Prostitution ist ein gottes-
dienstlicher Act — im kappadokischen Komana waren zu
Strabos Zeit 6000 Hierodulen; als Göttin der hinsterben-
den Natur wird sie andrerseits mit ebenso wilden Trauer-
festen gefeiert, und gebietet Selbstverstümmelung und blutige
Opfer. Beide Auffassungen laufen, wie bei allen analogen
Gottheiten, neben einander, für den Laien wahrscheinlich ziem-

---

[1]) Strabo XII 2, 5 f. Diod. XXXI 34. Bei Semiten heisst dieser
Gott Ba'al, daher בעל גזיר „Ba'al von Gaziura" auf Münzen Ariaraths,
wenn die Lesung richtig ist. S. Waddington, revue numism. 1861 pg. 6.
[2]) Philostr. vita Apoll. Tyan. I 6. Danach von Meineke bei
Strabo XII 2, 6 aufgenommen. — Auch einen kataonischen Apoll nennt
Strabo XII 2, 5.   [3]) Strabo XII 3, 31.   [4]) Die Hauptstellen sind
Strabo XII 2, 3. 3, 32. 36. 8, 9. Plut. Sulla 9. Hist. de bell. Alex. 66.

lich unvermittelt; und gewiss gab es auch hier einen heiligen
Mythos, der den Naturdienst historisch erklärte. Nur scheint
hier mehr noch als sonst der wilde blutige Character der
Göttin hervorgetreten zu sein.

Duncker sagt: „Die Mädchen, welche der jungfräulichen
Kriegsgöttin in ihren Tempeln am Pontus dienten, trugen
Waffen wie die Göttin und ehrten diese durch Waffentänze."[1]
Er sucht dann daraus den Amazonenmythus zu erklären,
dessen Heimath ja vor allem Themiskyra ist. Von kriegerischen Jungfrauen im Dienste der Göttin von Komana berichtet aber Niemand; die Mädchen sind vielmehr γυναῖκες
ἐργαζόμεναι ἀπὸ τοῦ σώματος. Und dass die Göttin selber
eine Jungfrau gewesen, sagt Niemand; überhaupt habe ich
eine jungfräuliche Göttin in Vorderasien noch nirgends gefunden, soviel auch davon geredet wird. Es scheint demnach
auch Dunckers Erklärung der Amazonensage nicht haltbar.
Freilich kann ich auch keine andere geben. Es scheint indess,
dass die Sage den Heerzügen der Kimmerier wenn auch
nicht ihren Ursprung, so doch ihre weitere Entwickelung verdankt; die Kimmerier waren gewiss, wie später die Gallier, auf
ihren Zügen von Weib und Kind begleitet, und oft mochten, wie
bei den Germanen, die Weiber am Kampfe mit theilnehmen.

Ueber die Wohnsitze der Kappadoker im Süden ist schon
gesprochen. Im Norden haben sie das ganze Iristhal besetzt; im Westen ist der Halys ihre Grenze; am Meer erstreckt
sich ihr Gebiet vom Halys bis über den Thermodon; hier
mögen sie die Tibarener erst allmählich ins Gebirge zurückgedrängt haben. Ob die Kappadoker in einzelne Stämme zerfielen, wissen wir nicht; die Rede ist davon nirgends. Sie
erscheinen in der Geschichte niemals als selbstständiges Volk;
der alte König Pharnakes, den die Ariarathiden in ihren
Stammbaum aufnahmen[2], ist sicher eine Fabel.

---

[1] Duncker, Gesch. d. Alterthums I⁴, 405.   [2] Diod. XXXI 19, 1.

Von Kunst und Bildung kann bei den Kappadokern nicht die Rede sein; die einzigen Monumente, die ihnen zugehören, sind die Felsengräber, die sich in Pontos in grösserer Anzahl finden, jedoch, wie der an ihnen angebrachte architektonische Schmuck zeigt, erst aus griechischer Zeit stammen. Wir finden, abgesehen von den Gräbern von Amasia, von denen später noch die Rede sein wird, die Felsengräber von Aladja[1]), die von Tschorum[2]), bei Fatsah (Polemonion)[3]), und bei Komana.[4]) Bekanntlich finden sich auch sonst in Kleinasien überall ähnliche Felsengräber. — Dagegen scheinen die Ruinen von Pteria mit dem benachbarten Palast von Üjük und den berühmten Sculpturen von Boghazkjöi den Kappadokern nicht anzugehören; eher mögen sie, wie Gelzer vermuthet, kimmerischen Ursprungs sein.

Einen kriegerischen, selbstständigen Charakter zeigt das kleine Volk der Paphlagonen, das die Küstengebirge westlich vom Halys bewohnte. Doch bildete der Fluss nur die ungefähre Grenze; die Kappadoker am Halys sprachen nach Strabos Zeugniss auch paphlagonisch, und paphlagonische Eigennamen, von denen er eine interessante Liste gibt, waren bei ihnen vorherrschend.[5]) Da wir nun finden, dass im J. 400 das Gebiet des paphlagonischen Fürsten Korylas sich über den Thermodon hinaus bis in die Nähe von Kotyora ausdehnt[6]), so scheint es, dass die Küstenbevölkerung hier wenigstens zum Theil ursprünglich paphlagonisch war, die Kappadoker erst allmählich gegen Norden vordrangen. Im Westen nennt Skylax den Fluss Kallichoros zwischen Tieon und Heraklea als Grenze gegen die Mariandyner, während später der Parthenios als Grenze gilt. Im Innern erstreckte sich ihr Gebiet auch weiter

---

[1]) Perrot, Exploration de la Galatie cet.
[2]) Ainsworth Travels and Researches in Asia Minor cet. I 100.
[3]) Hamilton I 254.   [4]) ib. 325.   [5]) Strabo XII 3, 25. Zu den Namen vgl. VII 3, 12.   [6]) Xen. Anab. V 6, 8 f.

nach Westen, als auf den Karten gewöhnlich angegeben wird; erst durch die Eroberungen des Ziaëlas von Bithynien wurden sie hier zurückgedrängt (s. u.).

Ueber die Nationalität der Paphlagonen erfahren wir gar nichts; es scheint, dass auch sie den Kleinasiaten zuzurechnen sind. Strabo sagt, sie hätten überall auf den Höhen des Olgassys Heiligthümer, wahrscheinlich doch wohl der Göttermutter.[1]) Sie glaubten, dass der Gott (ὁ θεός) im Winter gebunden und eingesperrt werde, im Frühjahr aber sich rege und frei werde[2]), eine Anschauung, die in wenig veränderter Form dem phrygischen Sabazioscultus zu Grunde liegt.

Die Paphlagoner erscheinen in älterer Zeit durchweg als kriegerischer Stamm, die fremde Herrschaft nur ungern ertragend. Wahrscheinlich standen sie unter mehreren Stammesfürsten, welche auch die Perser ihnen liessen, und von denen bald dieser bald jener die ganze Nation vereinigt zu haben scheint.

Nur anhangsweise erwähne ich hier die Armenier, deren Gebiet sich weit über den Euphrat hinaus erstreckte. Im oberen Lykosthal finden wir sie noch später; nach Herodot entsprang auch der Halys auf armenischem Gebiet.[3]) Dazu stimmt, dass sich die armenische Satrapie nach Herodot bis an den Pontos ausdehnte, was allerdings wohl übertrieben ist.[4])

---

[1]) Strabo XII 3, 40.   [2]) Plut. Is. et Osir. 69.
[3]) Herod. I 72 ἐξ Ἀρμενίου ὄρεος, eine von den Späteren vielfach wiederholte Angabe.   [4]) Herod. III 93.

Drittes Kapitel.

Aelteste Geschichte der pontischen Landschaften.
Die Perserzeit.

Von einer „Geschichte" der pontischen Landschaften kann eigentlich erst die Rede sein, nachdem dieselben durch Gründung des Königreichs Pontos zu einer Einheit verbunden sind. Es ist jedoch zum Verständniss der Folgezeit nöthig, ihre früheren Schicksale hier in kurzer Uebersicht zusammenzustellen.

Dass die Assyrer die Moscher und Tibarener mehrfach bekämpften und unterwarfen, ist schon erwähnt. Ungefähr in derselben Zeit scheint auch die älteste griechische Colonie, Sinope, von den Milesiern gegründet worden zu sein, da die Sinopenser nach den Chronographen schon im J. 756 Trapezus anlegten.[1]

Der assyrischen Herrschaft machte der Kimmeriereinfall ein Ende; die Kimmerier machten Sinope zu einem Hauptstützpunkt ihrer Herrschaft.[2] Ich kann mich der neueren, auch von Gelzer und Maspero vertretenen Ansicht nicht anschliessen, dass die Kimmerier mit den Skythen, die gegen Ende des Assyrerreichs Asien verwüsteten und nach Herodot achtundzwanzig Jahre lang über Asien herrschten, identisch seien. Alle glaubwürdigen Nachrichten — Herodot, Strabo u. a. — unterscheiden beide, und auch die Assyrer kennen die Kimmerier nur als ein Volk des fernen Westens, während die Skythen von Norden, oder vielmehr, da es wahrscheinlich Saken sind, von Osten kamen. Mir scheint alles darauf hin-

---

[1] Euseb. a. Abr. 1260. Bekanntlich findet sich die Gründungsgeschichte von Sinope in der Periegese des sg. Skymnos v. 945 ff.

[2] Herod. IV 12.

zuweisen, dass, wie schon Abel und Deimling annahmen, die Kimmerier von Westen, aus Thrakien, in Kleinasien einfielen.[1]) Man beruft sich darauf, dass in den Inschriften des Darios dem persischen Çakâ Humavarka „amyrgische Saken" im babylonischen Text nach den bestverbürgten Lesungen Gimiri Umurga „amyrgische Kimmerier" entspricht.[2]) Indessen beweist dies doch nur, dass die Babylonier die Nordvölker, welche die Perser mit genauerer Kenntniss Saken nannten, unter dem Namen Kimmerier zusammenfassten[3]), wie die Griechen unter dem Namen Skythen.[4])

Auch von einem Einfall der Saken in Pontos ist die Rede in der heiligen Sage von Zela. Dieser Ort, auf einem Hügel gelegen, den die Tradition für künstlich erklärte und der Semiramis zuschrieb[5]), war ein Heiligthum der auch in Armenien eifrig verehrten eranischen Göttin Anâbita (Ἀναῖτις) und der ihr verwandten Götter. Nach der Sage soll es von den persischen Feldherren gegründet sein, als diese hier die Saken überfallen und besiegt hatten.[6]) Wäre daran irgend etwas

---

[1]) Vgl. m. „Geschichte v. Troas" pg. 73 ff.

[2]) s. Gelzer l. c. 1875 pg. 17.

[3]) Ebenso bezeichnet bei den Hebraeern גֹּמֶר die Nordvölker im Allgemeinen. Gomer's Söhne sind Gen. 10, 3 אַשְׁכְּנַז (Askanien, d. i. Phrygien), רִיפַת (Paphlagonien?) und תֹגַרְמָה (Armenien). Später wird bei den Armeniern mit Gamir Kappadokien bezeichnet, wohl weil dies der Hauptsitz der Kimmerier war; vgl. Kiepert, Monatsber. Berl. Ak. 1859 pg. 203 ff. Lagarde, Ges. Abh.

[4]) Vgl. Herod. VII 64, wo er von den Saken in der Nähe Baktriens spricht: τούτους οἳ ἐόντας Σκύθας Ἀμυργίους Σάκας ἐκάλεον· οἱ γὰρ Πέρσαι πάντας τοὺς Σκύθας καλέουσι Σάκας.

[5]) Strabo XII 3, 37. Hirt. bell. Alex. 72. Perrot, explor. de la Galatie p. 377 ff. Hamilton I 335 f. Die Angabe, ein Ort liege auf einem Hügel der Semiramis, hat keineswegs die mystische Bedeutung. die man ihr oft zuschreibt. Sie besagt nur, dass der Ort alt ist und auf einem Hügel liegt, der den Anschein hat, als sei er künstlich aufgeworfen. Auch Tyana (Strabo XII 2, 7) und Melitene (Plin. VI 3, 8\ liegen auf Hügeln der Semiramis.   [6]) Strabo XI 8, 4 f. XII 3, 37.

historisch, so müssten es medische Feldherren gewesen sein, die den Sieg erfochten, da das Perserreich damals noch nicht existirte. Indessen zeigt der Zusammenhang bei Strabo deutlich, dass die ganze Erzählung nur erfunden ist, um den Namen des mit dem Anaitiscultus überall verbundenen[1]) Sakaeenfestes zu erklären. Dies Fest, über das Movers und andere viel Unhaltbares behauptet haben, war ein Freudenfest, vielleicht ein Fest der Wintersonnenwende, da um diese Zeit noch jetzt in Zilleh, dem alten Zela, eine grosse Messe stattfindet.[2])

Auf die Kimmerier gehen vielleicht, wie Gelzer vermuthet, die vielen Sculpturen und Bauten in Kleinasien zurück, die, obwohl nicht assyrisch, doch entschieden den assyrischen Werken nachgeahmt sind: so vor allem die Sculpturen von Boghazkjöi (Pteria) und die Ruinen des Palastes von Üjük.[3]) Weiter auf dieselben einzugehen würde über die Grenzen unserer Aufgabe hinausführen.

Die Kimmerier erlagen den Angriffen der Lyder, die Assyrer den Medern. Dem Kriege zwischen beiden machte die berühmte Schlacht ein Ende, die durch die Sonnenfinsterniss unterbrochen ward. Der Halys ward als Grenze beider Reiche festgesetzt.

Inzwischen hatten die Griechen die ganze Küste des Pontos mit Colonien besetzt. Sinope war von Milet aus neu gegründet worden[4]) und wurde bald die mächtigste Stadt; im Westen war Kytoros[5]), im Osten Trapezus mit seiner Colonie

---

[1]) Strabo XI 8, 5: ὅπου δ᾽ ἂν ᾖ τῆς θεοῦ ταύτης ἱερόν, ἐνταῦθα νομίζεται καὶ ἡ τῶν Σακαίων ἑορτὴ βαχχεία τις μεθ᾽ ἡμέραν καὶ νύκτωρ cet. [2]) Perrot, explor. 378. Ausser Strabo erzählt von den Sakaeen Berossos fr. 3 Müller Vol. II. [3]) Die ausführliche Beschreibung und Abbildung s. in Perrot's exploration. Vgl. ferner Perrot, l'art de l'Asie Mineure, in Mémoires d'archéol., d'épigr. et d'histoire (Rev. arch. N. S. XXV).

[4]) Anon. (Scymn.) peripl. v. 949 f.   [5]) Strabo XII 3, 10.

Hermonassa[1]), Kerasus, Kotyora Gründungen Sinope's und erkannten noch später dessen Oberhoheit an.[2]) Andere Gründungen gingen direct von Milet aus, so an der paphlagonischen Küste Sesamos, Kromna, Aigialos, Kinolis, Abonuteichos, östlich vom Halys Themiskyra, Jasonion, Choerades u. a.[3]) Weiter westlich legten die Megarenser mit den Boeotern zusammen um 558 Heraklea an, das bald zu hoher Blüthe wuchs und die Griechenstädte Tieon (Tios) und Kieros von sich in Abhängigkeit brachte, die einheimischen Mariandyner aber zu leibeigenen Knechten machte.[4]) Vier Jahre früher hatten die Phokaeer Amisos an der Lykastosmündung angelegt, wo wie es scheint früher schon ein kappadokischer Ort bestand.[5]) —

Xenophon berichtet, als Kyros sein Reich gegründet hatte, habe er dasselbe in Satrapien getheilt; nur den Kilikern, Kypriern und Paphlagonen habe er keinen Satrapen geschickt, weil sie sich freiwillig unterworfen hatten. Aber Tribut mussten auch sie zahlen.[6]) Die Angabe ist richtig, da sie bei allen drei Ländern durch die späteren Ereignisse bestätigt wird. Im übrigen ordnete Darios die Satrapien und setzte die Steuern der einzelnen Districte fest. Die von uns betrachteten Landschaften gehörten zu folgenden Satrapien:

1) Kappadokien und Paphlagonien gehörten zur dritten, phrygischen Satrapie. Kappadokien ist hier das Land von Tyana bis an den Pontos, mit dem ganzen Irisgebiet. Kata-

---

[1]) Hekat. fr. 197 aus Steph. Byz. s. v.   [2]) Xen. Anab. V 5, 7.

[3]) s. die Städteverzeichnisse in den Fragmenten des Hekataeos, bei Skylax, Arrian u. a. Ferner Strabo, Skymn. peripl. cet.

[4]) Skymn. peripl. 972 κτίζουσι ... καθ' οὓς χρόνους ἐκράτησε Κῦρος Μηδίας. Justin XVI 3 u. a. Strabo nennt es fälschlich milesisch.

[5]) ib. 917 Ἀμισός ... Φωκαέων ἀποικία· τέταρσι πρότερον ἔτεσιν οἰκισθεῖσα γὰρ τῆς Ἡρακλείας ἔλαβ᾽ Ἰωνικὴν κτίσιν. Ueber die Besetzung durch Athen s. u. — Strabo XII 3, 14 nach Theopomp nennt Amisos wohl fälschlich eine milesische Colonie.

[6]) Xen. Cyrop. VIII 6, 8.

onien und Melitene dagegen gehörten, wie wir schon sahen,
zu Kilikien.[1)]   .

2) Die Gebirgsvölker am Pontos, von denen Herodot hier
die Moscher, Tibarener, Makronen, Mosynoeken und Marer
nennt, bildeten eine Satrapie für sich, die neunzehnte. Die
Kolcher waren halbfrei.

3) Das spätere Kleinarmenien gehörte zur dreizehnten
Satrapie, die Xenophon die westarmenische nennt; Herodot
irrt, wenn er sagt, sie habe sich bis an den Pontos erstreckt.

Die Eintheilung des Darios ist nicht, wie allgemein angenommen wird, später vielfach abgeändert, sondern bestand
im Wesentlichen bis auf Alexander den Grossen. Es ist nur.
zu beachten, dass der Natur der Dinge nach die Satrapien in
mehrere Unterstatthalterschaften oder Bezirke zerfielen, die
wir Hyparchien nennen wollen, die aber von den Alten gewöhnlich auch Satrapien genannt werden. Nur die phrygische
Satrapie war zu Ende des fünften und zu Anfang des vierten
Jahrhunderts in eine grossphrygisch-kappadokische und eine
kleinphrygisch-hellespontische Satrapie getheilt. Den Beweis
hierfür hoffe ich bald ausführlicher geben zu können. Hier
begnüge ich mich, die einzelnen Hyparchien auf unserem Gebiete zu besprechen.

1) Hyparchie Kappadokien. In dem Verzeichniss der
ἄρχοντες τῆς βασιλέως χώρας am Ende der Anabasis, das
selbst wenn es nicht ächt ist, doch glaubwürdig zu sein scheint,
findet sich als Satrap Kappadokiens und Lykaoniens ein
Mithradates [2)], vielleicht ein Vorfahre der späteren pontischen

---

[1)] Mit Herodot's Angaben III 90—94 sind namentlich die auf
Autopsie beruhenden der Anabasis und die gleichfalls authentischen
Angaben über die Königsstrasse Her. V 52 zu vergleichen, um die rich-
tigen Grenzen der Satrapien und Landschaften festzustellen.

[2)] Xen. Anab. VII 8, 25. Die Schriftsteller schreiben immer
Mithridates, ausser Herod. I 110, die Inschriften und Münzen dagegen

Könige und Vater des phrygischen Satrapen Ariobarzanes.
Dass Kappadokien zu Kyros Satrapie gehörte, wissen wir[1]);
Mithradates war also nur Hyparch. Aus Anab. I 2, 20 erfahren wir, dass Dana, d. i. Tyana, zu Kappadokien gehörte.
— Dasselbe Gebiet scheint später die Provinz des Camisares
und seines Sohnes Datames zu sein, die Nepos als partem
Ciliciae iuxta Cappadociam quam incolunt Leucosyri[2]) bezeichnet.
Man würde hierbei zunächst an Kataonien denken; aber dies
ist die Hyparchie des von Datames besiegten Aspis.[3]) Später
finden wir, dass Datames ganz Kappadokien von der pisidischen Grenze[4]) bis nach Amisos[5]) besitzt, ohne dass gesagt
wird, dass er dies erobert habe. Es scheint daher, dass es
bei Nepos, der natürlich von den wirklichen Verhältnissen gar
keine Anschauung hat und seine Quelle leicht missverstehen
konnte, heissen müsste, seine Provinz war pars Cappadociae
iuxta Ciliciam. Uebrigens zeigt der ganze Zusammenhang bei
Nepos deutlich, dass Kamisares und Datames keine hervorragende Stellung einnahmen, sondern nur Hyparchen waren.
— Nach seiner Empörung gegen den Grosskönig bemächtigte
sich Datames Paphlagoniens[6]), dessen Fürsten Thuys er früher
gefangen genommen hatte. Auch Sinope eroberte er; wir besitzen Münzen mit griechischer Legende, die er hier geschlagen

mit Ausnahme einer kleinarmenischen Münze Mithradates. Letztere
Form ist auch etymologisch richtiger.   [1]) Xen. Anab. I 9, 7 u. a.
    [2]) Nepos Datam. 1. Der Zusatz quam incolunt Leucosyri ist durch
den Sprachgebrauch der von Nepos benutzten Quelle (wahrscheinlich
Dinon) entstanden, den dieser natürlich nicht mehr verstand.
    [3]) Nep. Datam. 4. Aspis, qui Cataoniam tenebat; quae gens iacet
supra Ciliciam, confinis Cappadociae.   [4]) Datames kämpft mit den
Pisidern Nep. Dat. 6, und an den kilikischen Pässen ib. 7; auch bei
Aspendos Polyaen. strat. VII 21, 4.
    [5]) Datames lässt in Amisos Geld prägen [Aristot.] Oecon. II 23
= Polyaen. strat. VII 21, 1.
    [6]) Nep. Datam. 5. Daher heisst er Trog. prol. 10 praefectus Paphla-
gonum, Diod. XV 91 Satrap von Kappadokien.

hat.[1]) — Wie er zur Zeit des grossen Satrapenaufstandes 362 durch den jungen Mithradat ermordet wurde, ist hier nicht weiter auszuführen.[2])

Zu Alexanders des Grossen Zeiten finden wir in Kappadokien einen Hyparchen Mithrobuzanes, der am Granikos fiel.[3])

2) Ausserdem war das Geschlecht des Otanes (Utána, bei Ktesias Anaphas, Diod. Onophas), eines der sieben Perser, im erblichen Besitze eines Theiles von Kappadokien. Ihre vielfach entstellte Geschichte ist bei Diodor erhalten[4]); sie sind die Ahnherren der späteren Könige von Kappadokien. Zur Zeit Alexanders regierte hier Ariarathes (II)[5]), dessen Gebiet von Alexander nicht betreten wurde; es muss also, da dieser den Halys noch überschritten hat, im Nordosten Kappadokiens, am Iris und Lykos, gelegen haben. Die Hauptstadt war wahrscheinlich Gaziura am Iris, ein παλαιὸν βασίλειον nach Strabo[6]); wir besitzen nämlich Münzen mit aramäischer Schrift, die auf der Vorderseite die so häufige Darstellung eines einen Hirsch verzehrenden Löwen mit der Legende אריורת „Ariorath", auf der Rückseite einen dem Ba'al von Tarsos ähnlichen Gott mit der — allerdings nicht ganz sicheren — Legende בעל גזר „Ba'al von Gaziura" zeigen.[7]) Die Zeit der Feldzüge Alexan-

---

[1]) Polyaen. strat. VII 21, 2. 5. Aeneas poliorc. 40. Waddington rev. num. 1861 pg. 1. Head, Numism. Chronicle XIII pg. 122. Ausserdem hat er auf der Expedition gegen Aegypten (Nep. Datam. 3) in Kilikien Münzen mit aramäischer Aufschrift geschlagen; Waddington rev. num. 1860, 439. Vgl. Brandis, Münz-, Maass- und Gewichtssystem Vorderasiens, und H. Droysen, Ztschr. für Num. II 309 ff.   [2]) Die Berichte darüber finden sich Nep. Datam. 10 f. Diod. XV 91. Polyaen. VII 29, 1.

[3]) Arrian I 16, 3.   [4]) Diodor XXXI 19. Unter andern haben sie auch den oben besprochenen Datames in ihren Stammbaum aufgenommen, setzten ihn aber in eine viel zu frühe Zeit. Ich hoffe die Geschichte der kappadokischen Könige demnächst ausführlicher behandeln zu können.   [5]) Man hält ihn für identisch mit Ariakes, dem Führer der Kappadoker bei Gaugamela, Arrian III 8, 5; beweisen lässt sich das nicht.   [6]) Strabo XII 3, 15.   [7]) Waddington rev. num. 1861 pg. 6.

ders benutzte er zu grossen Rüstungen und zur Erweiterung
seiner Macht; er scheint sein Gebiet bis Trapezus ausgedehnt
zu haben.[1]) Auch in Sinope hat er Münzen mit seinem Namen
in aramäischer Schrift geschlagen.[2]) Nach Alexanders Tode
griffen Perdikkas und Eumenes ihn an, besiegten ihn und
liessen ihn ans Kreuz schlagen. Sein Reich fiel zunächst an
Eumenes, dann an Antigonos; seinem Sohne Ariarathes gelang
es, nach Armenien zu entfliehen.[3]) Er wurde 301 der Neu-
gründer des Reiches, das aber jetzt weit südlicher sich ausdehnte, während das Irisgebiet an das neuentstandene Reich
Pontos fiel.

3) Paphlagonien stand zur Perserzeit unter eigenen Dynasten, von denen bald der eine bald der andere die Vormacht
erlangte. So um 400 Korylas, der ein Heer von 120000 Mann
hatte, darunter ausgezeichnete Reiterei, und dessen Gebiet
auch das nördliche Kappadokien bis über den Thermodon
hinaus umfasste.[4]) Den schon von ihm geplanten Abfall führte
um 395 Otys oder Kotys wirklich aus und unterstützte Agesi-
laos eine Zeit lang durch 1000 Reiter und 2000 Peltasten.[5])
Wenig später, um 380, finden wir Thuys oder Thys als unab-
hängigen Fürsten Paphlagoniens, einen rohen, riesenstarken
Menschen, der vor allem durch seine Schlemmerei bekannt
war. Datames, sein Vetter von mütterlicher Seite, überwäl-
tigte ihn und führte ihn gefangen zum Grosskönig.[6]) Wie
dann Datames sich Paphlagoniens bemächtigte, ward schon
erwähnt. Zu Alexanders Zeit scheint es wieder unter mehre-

---

[1]) Plut. Eumen. 3. Curt. X, 10, 3.   [2]) Waddington l. c. pg. 3 f.
[3]) Diod. XVIII 16. XXXI 19. Plut. Eumen. 3. Appian Mithr. 8.
Arrian τὰ μετὰ Ἀλέξανδρον 5. Luc. Macrob. 13.
[4]) Xen. Anab. V 6, 3—10. VI 1, 3. Man beachte die fortwährend gebrauchte Wendung Κορύλας καὶ Παφλαγόνες (z. B. V 5, 12. 22),
die darauf hindeutet, dass Korylas keineswegs absoluter Herrscher war.
[5]) Xen. Hell. IV 1. Plut. Ages. 11.
[6]) Nepos Dat. 2 f. Theopomp. fr. 198 Müller. Aelian v. h. I 27.

ren Dynasten gestanden zu haben; die Paphlagoner schicken an ihn eine Gesandtschaft, die ihre Unterwerfung erklärt, aber Alexander bittet, ihr Gebiet nicht zu betreten, was dieser auch gewährte.[1]) Später unterwirft nach Curtius Kalas, der Satrap des hellespontischen Phrygiens, die Paphlagoner vollständig; als derselbe dann auch den Bithynerfürsten Bas angriff, ward er von diesem zurückgeschlagen.[2])

4) Dass das in allen neueren Darstellungen erscheinende „Königreich" Pontos in dieser Zeit nicht existirte, ist später zu zeigen. Eher ist es möglich, dass die Vorfahren der späteren Fürsten von Kleinarmenien schon jetzt hier ein Gebiet besassen, doch wissen wir davon nichts. —

Dass die wilden Stämme der neunzehnten Satrapie bald nach den Perserkriegen die Fremdherrschaft abschüttelten, ist selbstverständlich und aus Xenophon bekannt. Das Gleiche gilt von den Griechenstädten, unter denen Sinope vor allen mächtig war; die Fürsten Paphlagoniens wünschten sehr es zu besitzen, wagten aber nicht, es anzugreifen.[3]) In der Perikleischen Zeit finden wir hier einen Tyrannen Timosileos, den Perikles verjagte; er führte auch 600 attische Colonisten nach Sinope.[4]) Um dieselbe Zeit scheint Amisos, dass vorher von einem ἄρχων Καππαδοχίας, d. h. von einem kappadokischen Satrapen besetzt und neu gegründet war, eine attische Colonie unter Athenokles erhalten zu haben.[5]) Wie später Sinope und Amisos von Datames und dann von Ariarath besetzt wurden, haben wir schon gesehen.[6])

[1]) Arrian II 4, 1 f. Curtius III 1, 22.

[2]) Curtius IV 5, 13. Memnon 20, wo er indessen Kalantos heisst.

[3]) Xen. Anab. V 5, 32.   [4]) Plut. Perikles 20.

[5]) Strabo XII 3, 14. Arrian peripl. 22. Appian. Mithr. 8. 83.

[6]) Auch nach Arrian III 24, 4 ist Sinope zu Alexanders Zeit persisch. — Ueber den angeblichen König Skydrothemis um 290 s. Tac. Hist. IV 83. Autonome Münzen von Sinope mit Magistratsnamen sind vielfach erhalten.

Alexander hat sich um diese Gegenden wenig bekümmert.
Die Hyparchie Kappadokien machte er zur Provinz; auch soll
er in Amisos die Demokratie wieder hergestellt haben.[1]
Ariarath's Reich dagegen berührte er nicht; dass dieser 322
von Eumenes und Perdikkas besiegt ward, wurde schon erwähnt. Nach Eumenes Sturz ward Nikanor Statthalter von
Kappadokien[2]), später fiel es an Antigonos. Im Jahre 315
beanspruchte Asander von Karien den Besitz von Amisos und
liess es belagern; Antigonos schickte seinen Neffen Ptolemaeos
zum Entsatz. Dieser stellte Antigonos' Herrschaft wieder her,
zwang auch den Fürsten Zipoetes von Bithynien zur Unterwerfung.[3]) Wie dann zur Zeit von Antigonos' Sturz eine
Neugestaltung begann, können wir erst betrachten, nachdem
wir die Berichte über die Gründung des pontischen Reiches
eingehender untersucht haben.

Viertes Kapitel.

Kritik der Berichte über die Gründung des pontischen Reichs.

Nach der herrschenden Ansicht bestand ein mehr oder
weniger unabhängiges Königreich Pontos schon unter der persischen Herrschaft, entweder schon seit Darios I oder doch
seit der Zeit, wo die schwachen Grosskönige in den entlegenen Provinzen ihres Reiches ihre Herrschaft nicht mehr auf-
recht erhalten konnten. Dies scheint schon eine Stelle Strabo's
zu besagen: τὴν δὲ Καππαδοκίαν εἰς δύο σατραπείας μερι-

[1] Appian. Mithr. 8. 83.   [2] Diod. XVIII 19. Appian. Mithr. 8.
[3] Diod. XIX 57. 60.

σϑεῖσαν ὑπὸ τῶν Περσῶν παραλαβόντες Μακεδόνες περιεῖδον
τὰ μὲν ἑκόντες τὰ δ' ἄκοντες εἰς βασιλείας ἀντὶ σατραπειῶν
περιστᾶσαν, ὧν τὴν μὲν ἰδίως Καππαδοκίαν ὠνόμασαν καὶ
πρὸς τῷ Ταύρῳ καὶ τὴ Δία μεγάλην Καππαδοκίαν, τὴν δὲ
Πόντον, οἱ δὲ τὴν πρὸς τῷ Πόντῳ Καππαδοκίαν.[1]) Deut-
licher noch erzählt Polybios: ὁ Μιϑριδάτης (König 221)
εὔχετο μὲν ἀπόγονος εἶναι τῶν ἕπτα Περσῶν ἑνὸς τῶν ἐπαν-
ελομένων τὸν Μάγον· διατετηρήκει δὲ τὴν δυναστείαν ἀπὸ
προγόνων τὴν ἐξ ἀρχῆς αὐτῷ διαδοϑεῖσαν ὑπὸ Δαρείου παρὰ
τὸν Εὔξεινον Πόντον.[2]) Ebenso Sallust: A Dario Artabazes
originem duxit, quem conditorem regni Mithridatis fuisse [con-
firmat Sallustius Crispus].[3]) Endlich Florus: Ponticae gentes
a septentrione in sinistrum iacent, a Pontico cognominatae
mari. Harum gentium atque regionum rex antiquissimus Aeetas;
post Artabazes a septem Persis oriundus, inde Mithridates longe
omnium maximus.[4]) Und nun erscheinen auch wirklich die
Vorfahren der späteren pontischen Könige bei Diodor als
βασιλεῖς: Mithradates I † 363, Ariobarzanes, der bekannte
Satrap † 337, Mithradates II † 302.[5]) Nichtsdestoweniger
ist das Königreich Pontos unter den Persern eine Fabel.

Die Angabe des Polybios beruht auf dem Rühmen der
pontischen Könige (εὔχετο). Es lag offenbar im Interesse
derselben, ihrer Herrschaft in Pontos den Schein der Legitimität zu geben, sie in möglichst alte Zeit zurückzuführen
und ihrem Geschlecht den Glanz altadliger Abstammung zu
verleihen. In gleicher Weise rühmten sich die Könige von
Kappadokien, von einem der Sieben abzustammen; Darios habe
ihrem Ahnherrn Kappadokien als tributfreies, unabhängiges
Königthum verliehen; ja mütterlicherseits wollten sie aus einem
alten kappadokischen Fürstengeschlecht stammen, das zur Zeit

---

[1]) Strabo XII 1, 4. [2]) Polyb. V 43, 2. [3]) Sall. hist. II fr. 53
Kritz. [4]) Florus III 5, 1. [5]) Diod. 15, 90. 16, 90. 20, 111.

des Kyros regiert habe.[1]) Wie nun hier die Thatsachen ausgeschmückt sind, dürfen wir Aehnliches auch bei Pontos vermuthen. Dazu kommt, dass wir in der Genealogie noch deutlich die späteren Entstellungen nachweisen können. Bei Sallust und den meisten Späteren[2]) stammen die pontischen Könige
von Darios I ab; bei Hieronymos[3]), Polybios, Florus und Aure-
lius Victor[4]) sind sie nur Nachkommen eines der sieben Perser,
also offenbar nicht aus dem Königsgeschlechte.

Die Vorfahren der pontischen Könige, namentlich Ariobarzanes, werden von den gleichzeitigen Schriftstellern, z. B.
von Demosthenes, oft genug genannt, aber nie heissen sie
Könige. Auch die Späteren nennen sie nicht so, mit Ausnahme Diodors; und dieser sagt nicht, dass sie in Pontos geherrscht hätten (s. u.). Es steht ferner fest, dass zur Zeit
des Antigonos ein Mithradates das Königreich Pontos gründete, der daher den Beinamen ὁ Κτίστης erhielt; diese Gründung müsste also nach der gewöhnlichen Ansicht eine Neugründung sein. Nun haben wir über dieselbe zwei ausführliche Berichte bei Plutarch und Appian[5]), die unzweifelhaft
auf Hieronymos von Kardia zurückgehen, den Appian kurz
vorher (cp. 8) citirt; aber nirgends ist in denselben erwähnt,
dass die Gründung eine Neugründung war, dass schon die
Vorfahren des Gründers in Pontos herrschten; bei Appian
heisst derselbe einfach ἀνὴρ γένους βασιλείου Περσικοῦ. Hieronymos konnte natürlich von den Prätensionen der nachfol-
genden pontischen Könige, denen Polybios und die Späteren
Glauben geschenkt haben, noch nichts wissen; sein Schweigen
zeigt deutlich, wie unbegründet sie waren.

Andrerseits zeigen alle zuverlässigen Berichte über die

---

[1]) Diodor 31, 28.   [2]) Justin 38, 7.   App. Mithr. 9. 112.   Tac.
Ann. XII 18.   [3]) Diod. XIX 40 aus Hieronymos: Μιθρ. ὁ Ἀριοβαρζάνου
μὲν υἱός [richtiger wohl Enkel], ἀπόγονος δ᾽ ἑνὸς τῶν ἑπτὰ Περσῶν cet.
[4]) de vir. ill. 76.   [5]) Appian Mithr. 9.   Plutarch Demetr. 4.

Geschichte der pontischen Landschaften in der Perserzeit, dass hier kein Königreich Pontos existirte. Bei Xenophon gehört die kappadokische Küste dem Korylas von Paphlagonien, weiter östlich ist das Gebiet der freien Stämme und der griechischen Städte. Später bis 362 besitzt Datames Sinope und Amisos wie das innere Kappadokien. Am Iris und Lykos und vielleicht am oberen Halys fanden wir das „Königreich" der Otaniden. Noch im J. 315 ziehen die makedonischen Feldherren nach Amisos, ohne auf ein pontisches Reich zu stossen. Es bleibt also für dieses nirgendwo Raum. Danach beruht auch Strabos Angabe — in der übrigens nicht direct steht, dass das Königreich Pontos schon unter den Persern existirte — auf den Fälschungen der späteren Könige, wenn wir nicht annehmen wollen, er habe an die Hyparchie und das Königreich Kappadokien gedacht.

Betrachten wir nun die oben angeführten Stellen Diodors. Sie lauten:

1) XV 90. anno 362/1. *Ἀριοβαρζάνης ὁ τῆς Φρυγίας σατράπης, ὃς καὶ Μιθριδάτου τελευτήσαντος τῆς τούτου βασιλείας κεκυριευκὼς ἦν.* Hier finden wir also einen König Mithridates[1]), aber in seiner nachlässigen Weise berichtet Diodor nicht, wo er herrschte. Ariobarzanes ist wahrscheinlich sein Sohn.

2) XVI 90. ao. 337 *Ἀριοβαρζάνης μὲν ἐτελεύτησεν βασιλεύσας ἔτη εἴκοσι καὶ ἕξ· τὴν δὲ βασιλείαν διαδεξάμενος Μιθριδάτης ἦρξεν ἔτη πέντε πρὸς τοῖς τριάκοντα.* Also Mithridates I † 363, Ariobarzanes † 337, Mithridates II † 302.

---

[1]) Man hält diesen M. für identisch mit dem Freunde des Kyros (Xen. Anab. II 5, 35 u. sonst), dem Statthalter Lykaoniens und Kappadokiens (ib. VII 8, 25), dem Feinde Herakleas, den Klearchos um 365/4 gefangen nahm (Justin XVI 4, 7 ff.) und dem Verehrer Platos, dem Sohne des Rhodobates (Diog. Laert. III 20, 25). Beweisen lässt sich hier natürlich gar nichts.

3) XX 111. ao. 302. *Μιθριδάτης ὑπήκοος ὢν Ἀντιγόνῳ καὶ δόξας ἀφίστασθαι πρὸς τοὺς περὶ Κάσσανδρον ἀνῃρέθη περὶ Κίον τῆς Μυσίας, ἄρξας αὐτῆς καὶ Ἀρρίνης ἔτη τριάκοντα πέντε· τὴν δὲ δυναστείαν διαδεξάμενος Μιθριδάτης ὁ υἱὸς αὐτοῦ πολλοὺς προσεκτήσατο· τῆς δὲ Καππαδοκίας καὶ Παφλαγονίας ἦρξεν ἔτη τριάκοντα ἕξ.* Hier steht also deutlich, dass Mithridates II, und somit auch seine Vorgänger, Könige von Kios und Arrhina waren. Sein Sohn aber machte grosse Eroberungen und wurde König von Kappadokien und Paphlagonien, d. h. Pontos.

Es ergibt sich also, dass die Vorfahren der pontischen Könige, unter denen Ariobarzanes als Satrap von Phrygien eine so hervorragende Rolle spielte, die Städte Kios (an der Propontis in Mysien) und Arrhina (unbekannt) als erbliches Fürstenthum besassen. Dass ausser Diodor dies niemand erwähnt, kann nicht auffallen, da Kios in älterer Zeit wenig bedeutend war und nur selten genannt wird, und zwar einmal in Verbindung mit Ariobarzanes.[1]) In Pontos aber, das ergibt sich aus allem Vorangehenden, haben diese Fürsten nicht geherrscht. —

Nach der letzten Stelle Diodors kann es nicht zweifelhaft sein, dass Mithradates III, der Sohn des 202 ermordeten Fürsten von Kios, der Gründer des pontischen Reiches war. Da dem aber andere Angaben widersprechen, hält man gewöhnlich schon seinen Vater für den Ktistes: er habe sich um 315 der pontischen Landschaften (aufs neue) bemächtigt, daneben auch in Kios regiert, und sei 302 ermordet worden. Zunächst sagt Plutarch, Mithridates, des Ariobarzanes Sohn, sei ein Freund und Altersgenosse des Demetrios gewesen (*ἑταῖρος ἦν αὐτοῦ καθ᾽ ἡλικίαν καὶ συνήθης*), den der letztere vor den

---

[1]) Xen. Hell. I 4, 7, wo Ariobarzanes athenische Gesandte nach Kios geleitet und dort entlässt. Harpokrations Angabe, Ariobarzanes sei nach seiner Besiegung gekreuzigt worden, scheint falsch zu sein.

Mordanschlägen seines Vaters Antigonos gewarnt habe. Derselbe sei in Folge dessen nach Kappadokien geflohen und habe
das pontische Reich gegründet.[1]) Indessen Mithradates II
kann nicht auch nur entfernt ein ἑταῖρος καθ᾽ ἡλικίαν des
Demetrios gewesen sein, da er mindestens vierzig Jahre älter
war als dieser. Denn da er 361 schon selbstständig auftritt[2])
— er verräth seinen Vater dem Perserkönig — wird er um
385 geboren sein; Demetrios aber ist 338/7 geboren.[3]) Plutarch
hätte also schreiben müssen Μιθριδάτης ὁ Μιθριδάτου τοῦ
Ἀριοβαρζάνου.

Völlig zu einer Person mit seinem Vater verschmolzen
ist Mithradates Ktistes in einer Stelle der unter Lucians
Namen gehenden Μακρόβιοι. Hier heisst es: Μιθριδάτης ὁ
Πόντου βασιλεὺς ὁ προσαγορευθεὶς Κτίστης Ἀντίγονον τὸν
μονόφθαλμον φεύγων ἐπὶ Πόντου ἐτελεύτησεν βιώσας ἔτη
τέσσαρα καὶ ὀγδοήκοντα, ὥσπερ Ἱερώνυμος ἱστορεῖ καὶ ἄλλοι
συγγραφεῖς.[4]) Danach wäre Mithradates Ktistes auf der Flucht
vor Antigonos nach Pontos gestorben, d. h. doch wohl ermordet. Da dies spätestens 302/1 stattgefunden haben
kann, weil Antigonos 301 fiel, würde der Ktistes, der damals
84 Jahre alt war, nicht der Altersgenosse des Demetrios sein
können. Nun berichtet aber Appian vom Ktistes dieselbe Geschichte, welche Plutarch von letzterem erzählt.[5]) Man sieht,
Lucian muss Vater und Sohn verwechselt oder vielmehr zu
einer Person verschmolzen haben. Man könnte allerdings bei
Lucian vor Ἀντίγονον ein ὁ einschieben wollen: „M., welcher
vor Antigonos floh, starb im Alter von 84 Jahren" natürlich
lange nach der Flucht; indessen die Altersangabe stimmt genau
zu dem, was oben über Mithradates' II Alter bemerkt wurde.

---

[1]) Plut. Demetr. 4.   [2]) Xen. Cyrop. VIII 8, 4. Aristot. Pol.
VIII 10 pg. 220 Bekker.   Valer. Max. IX 11 ext. 2. — Er ist auch
der Mörder des Datames.   [3]) Plut. Demetr. 52. Er starb 284 im
54. Lebensjahre.   [4]) Luc. Macrob. 13.   [5]) App. Mithr. 9.

Wir sahen, dass er um 385 geboren sein musste; wurde er 302 im Alter von 84 Jahren ermordet, so war er 386 geboren. Die Annahme, sein Sohn sei eben so alt geworden wie er, wäre doch sehr unwahrscheinlich.[1] —

Der Bericht Diodors XX 111 stammt aus Hieronymos, ebenso wie die Erzählungen Plutarchs und Appians und die Notiz der Macrobii. Offenbar berichtete Hieronymos hier die Gründung des pontischen Reiches, die also in den Winter 302/1 fällt; Diodor hat aber ganz gedankenlos excerpirt und garnicht verstanden, wovon eigentlich die Rede war. Es erklärt sich dies daraus, dass Hieronymos von den Eroberungen Mithradats in Kappadokien und Paphlagonien sprach und Diodor nicht wusste, dass hierunter Pontos zu verstehen sei. Denn dieser Name ist, wie schon früher bemerkt, erst spät aufgekommen; Polybios nennt das Reich $Kαππαδοκία \ \dot{η} \ περὶ τὸν Ἔυξεινον$, und noch auf der Kriegserklärung der Ephesier an Mithradates VI heisst dieser officiell $Kαππαδοκίας \ βασιλεύς$.[2] — Ebensowenig wie Diodor verstand Appian die Angaben seiner Quelle richtig. Er meinte nämlich, Mithradates Ktistes habe ausser in Pontos auch in Kappadokien geherrscht, erst unter seinen Nachkommen sei das Reich getheilt worden.[3] Aber schon weil diese Behauptung bloss auf einem $δοκεῖ$ beruht, müssen wir, zumal bei Appian, sehr vorsichtig sein[4]); und da sie durch nichts bestätigt wird, da Strabo beide Reiche von Anfang an unterscheidet, da wir bei Diodor einen Abriss der Geschichte Kappadokiens haben, in dem sich von einer

---

[1] Schon Woltersdorf, Commentarius vitam Mithridatis sistens. Gött. 1804 hat erkannt, dass der Ktistes nicht Mithradates II von Kios war. Auch Droysen erkennt dies nachträglich an (Gesch. d. Hell. 2. Aufl. II 2, 212, 2). Was Rehdantz, vit. Iphicr. 160 f. vorbringt, ist höchst verworren.

[2] Polyb. V 43, 1. Lebas-Waddington, Expl. des Inscr. V Partie no. 136a. Vgl. Strabo l. c. [3] App. Mithr. 9. [4] Man vgl. z. B. Appians Unkenntniss der älteren Geschichte Kappadokiens Mithr. 8.

Vereinigung mit Pontos keine Spur findet, da von 245 an die Existenz des Königreichs Kappadokien auch anderweitig bezeugt ist [1]), so können wir die Behauptung Appians ruhig als Irrthum verwerfen.

Fünftes Kapitel.

Das Königreich Pontos von seiner Gründung bis zum Ende der Diadochenkriege.

301—277.

Mithradates, der Sohn des Fürsten Mithradates II von Kios, hatte sich, um seiner Dynastie ihr Fürstenthum zu sichern, in den wirren Zeiten der Diadochenkriege den hervorragendsten Führern angeschlossen, zunächst dem Eumenes als Feldherrn der königlichen Partei.[2]) Nach dessen Untergang blieb er bei Antigonos und erwarb sich die Freundschaft seines Sohnes Demetrios. Als nun im Jahre 302 die Gegner des Antigonos sich vereinigten und der Entscheidungskampf herannahte, schöpfte Antigonos Verdacht gegen Mithradates von Kios, er werde zu den Feinden übergehen, und liess ihn ermorden.[3]) Aus demselben Grunde, oder, nach Plutarch und Appian, durch einen Traum bewogen, der ihm die künftigen Schicksale des jungen Mithradat zeigte, wollte er auch diesen tödten; doch Demetrios, dem der Vater den Plan mitgetheilt hatte, warnte ihn: er schrieb mit dem Lanzenschafte in den Sand: φεῦγε Μιθριδάτα. So entkam Mithradat.[4]) Aber wohin sollte er

---

[1]) Strabo XII 1, 4. Diod. XXXI 28. Euseb. I pg. 251, 6 Schoene. Justin 27, 3, 7.   [2]) Diod. XIX 40.   [3]) Diod. XX 111
[4]) Plut. Demetr. 4. Apophthegm. reg. Antig. 18 (I 725 Wytt.). App. Mithr. 9.

sich wenden? In Kios war er nicht sicher, ebensowenig in
Phrygien und Bithynien, wo Antigonos' Heere lagen. So ging
er nach Paphlagonien. Hier, wie in Kappadokien, lag zwar
auch eine makedonische Besatzung, aber sie konnte vielleicht
gewonnen werden; überdies waren die Paphlagoner kriegerisch
und hatten unter den Persern gezeigt, dass sie eine fremde
Herrschaft nur ungern ertrugen. Er durfte hoffen, hier Sicherheit und Macht zu gewinnen.

Von sechs Reitern begleitet, gelangte Mithradat nach
Kimiata, einer steilen Bergfeste am Südabhang des Olgassys-
gebirges, bemächtigte sich derselben und forderte zum Abfall
von Antigonos auf.[1]) Es wird berichtet, die hier liegenden
Makedoner hätten sich ihm bereitwillig angeschlossen, da sie,
des ruhigen Lebens überdrüssig, sich nach Krieg sehnten.[2])
So wuchs seine Macht rasch und bald wurde er Herr der
paphlagonischen und kappadokischen Landschaften auf beiden
Ufern des Halys. Im Jahre 296 war er, wie es scheint, schon
so mächtig, dass er den Königstitel annahm; es ist dies das
Anfangsjahr der pontischen oder achämenidischen Aera.

Im einzelnen wissen wir wenig von seinen Eroberungen.
Im Osten wurde jedenfalls die Küste bis über den Thermodon
hinaus, vor allem Amisos, bald unterworfen; die Vorgebirge
Genetes und Jasonion mögen etwa die Grenze gebildet haben.
Weiter östlich waren die Chalyber und Tibarener wohl noch
selbstständig. Im Innern werden, da Kappadokien stets als
Hauptland des Reiches erscheint, die Heiligthümer Komana
und Zela, die Königsstädte Amasia und Gaziura früh gewon-
nen worden sein; südlich davon bildete eine Gebirgskette die
Grenze gegen das neuerstandene kappadokische Reich.[3]) In
Paphlagonien besass Mithradat wie es scheint im J. 279 die

---

[1]) Strabo XII 3, 41. App. l. c.; letzterer sagt: γραξάμενός τι χω-
ρίον τῆς Καππαδοκίας.   [2]) Appian l. c.   [3]) Strabo XII 2, 10.

Küste bis in die Nähe von Amastris, das als neugegründete
Colonie Heraklea's zunächst unter dessen Tyrannen stand; das
Vgb. Karambis mag etwa die Grenze gebildet haben. Nur
Sinope behauptete noch lange seine Unabhängigkeit. Im Innern war der östliche Theil pontisch, die Landschaften Pimo-
lisene, Domanitis, das Gebiet von Kimiata. Das westliche
Paphlagonien dagegen, mit den Orten Gangra und Kressa,
scheint unter eigenen Dynasten gestanden zu haben, die sei
es jetzt sei es um 280 gleichfalls das makedonische Joch abschüttelten. —

In demselben Jahre, in welchem Mithradates den Grund
zum Königreich Pontos legte, kehrte Ariarathes, der Sohn des
322 von Perdikkas und Eumenes hingerichteten Fürsten, in sein
väterliches Reich zurück und wurde Stifter des neuen kappadokischen Reiches, das zunächst etwa die Provinzen Laviansene
und Sargarausene umfasste. Die Hydarniden behaupteten sich
in Armenien, jenseits des Euphrat; auch Kleinarmenien, wo
wir später eine wahrscheinlich persische Dynastie finden, wird
jetzt selbstständig geworden sein, wenn es überhaupt je den
Makedonern unterworfen war.[1]) Die unbehelligte Entwickelung dieser Staaten wurde nur möglich durch den völligen
Umschwung, der in den politischen Verhältnissen im Jahre 301
eingetreten war. Antigonos war bei Ipsos gefallen, sein Reich
getheilt, und seine Nachfolger besassen nicht den Ehrgeiz, das
ganze makedonische Reich wieder zu vereinigen. Des langen
Kampfes müde und erkennend, dass ihre Reiche innerlich ge-
sichert und gestärkt werden müssten, suchten sie friedlichere
Zustände herbeizuführen. Man begnügte sich mit dem, was
man hatte; und so scheint es denn, dass die neu entstandenen

---

[1]) Strabo sagt von Kleinarmenien: δυνάσται δ' αὐτὴν κατεῖχον ἀεί
(XII 3, 28). Wahrscheinlich war der armenische König Ardoates, der
Ariarathes nach Kappadokien zurückführte (Diod. XXXI 28), ein klein-
armenischer Fürst.

Staaten anerkannt wurden.[1]) Jedenfalls wurden sie von den
neuen Machthabern nicht angegriffen. Seleukos, dessen Reich
in Kleinasien einen Theil Kappadokiens (ἡ Σελευκὶς λεγομένη,
d. i. vor allem Tyanitis)[2]), Kataonien (mit Melitene)[3]) und
nach Plisthenes Sturz Kilikien umfasste, gönnte sich und seinem
Reiche einen langen Frieden. Lysimachos, der Phrygien und
die Landschaften am Meere erhalten hatte, beschäftigte sich
vorwiegend mit der Unterwerfung Thrakiens und den makedonischen Verhältnissen. In Kleinasien führte er zwar Krieg
gegen Bithynien, das schon seit der Perserzeit unter eigenen
Dynasten stand und die vom Golf von Astakos, vom Pontos und
Sangarios begrenzte Halbinsel umfasste, aber mit so wenig Nach-
druck, dass sein Fürst Zipoetes (328—280) sich im ganzen erfolgreich vertheidigen konnte.[4]) Nur Heraklea und sein Gebiet —
das sich vom Flusse Hypios bis etwa zum Vorgebirge Karambis
ausdehnte — unterwarf er im J. 288 auf Antrieb seiner Gemalin Arsinoe. Bei dieser Gelegenheit zerfiel das Gebiet der
Stadt. In Heraklea wurde der Kymaeer Herakleides oder Hera-
kleitos eingesetzt[5]), in Amastris finden wir im J. 279 einen
κατέχων αὐτήν Eumenes[6]), der vielleicht von Lysimachos eingesetzt war und sich nach dessen Sturz behauptete.[7])

Neue Erschütterungen brachte der Krieg zwischen Seleukos und Lysimachos.[8]) Lysimachos fiel bei Korupedion, Seleu-

---

[1]) Vgl. Strabo XII 1, 4: Die Makedoner liessen τὰ μὲν ἑκόντες,
τὰ δ' ἄκοντες die Umwandlung von Kappadokien und Pontos in Königreiche geschehen. Droysen, Hellenismus II 2, 225 f.

[2]) App. Syr. 55. Droysen hält es mit Unrecht für Melitene.

[3]) Plut. Demetr. 48. Strabo XII 1, 2.   [4]) Memnon hist. Heracl. 20.

[5]) Memnon 7.   [6]) Memnon 16. Nicht unwahrscheinlich ist Droysens
Vermuthung (III 1, 255, 1), er sei der Bruder oder Neffe des Philetaeros von Pergamon, der ja aus Tieon stammte.

[7]) Wohl bei dieser Gelegenheit kehrten die Tianer, die nach Amastris
verpflanzt waren, wieder in ihre Heimath zurück. Strabo XII 3, 10.

[8]) Für alles folgende bilden Memnon cp. 8—18 und Trogus prol. 17.
24. 25 fast die einzige Quelle.

kos wurde Herr ganz Kleinasiens. Er wollte das Reich des Lysimachos zusammenhalten und trat desshalb zunächst gegen den bithynischen Fürsten, den er als Rebellen betrachtete, feindselig auf. Heraklea befreite sich inzwischen von der Herrschaft des Herakleides und suchte Seleukos zu gewinnen, wesshalb denn der Bithyner Zipoetes es angriff und ihm wahrscheinlich die Städte Tieon und Kieros entriss.[1]) Doch Seleukos war mit dem Verfahren der Herakleoten keineswegs zufrieden: er verlangte Unterwerfung. Da schlossen Heraklea, Byzantion, Chalkedon und Mithradates von Pontos, die sich alle bedroht sahen, ein Bündniss gegen den König von Asien. Zu weiteren Feindseligkeiten kam es nicht, da Seleukos beim Uebergang nach Europa 281 von Ptolemaeos Keraunos ermordet wurde.

Es folgen wirre, kämpfereiche Jahre. Ptolemaeos Keraunos, Antigonos Gonatas, Antiochos I des Seleukos Sohn kämpfen um die Herrschaft in Makedonien; und bald erscheinen hier die Horden der Gallier. Von allen Seiten wird das Reich des Antiochos zerrissen durch Aufstände und Eroberungen.[2]) Ptolemaeos von Aegypten bemächtigt sich Palaestinas und Koelesyriens, Ariarathes von Kappadokien Kataoniens, Philetaeros macht sich in Pergamon unabhängig, Zipoetes und seit 280/79 sein Sohn Nikomedes (reg. bis ca. 260) erweitern ihr Reich und kämpfen siegreich gegen Antiochos' Feldherrn. Eine Expedition des Antiochos selbst gegen Bithynien wird durch Nikomedes zurückgewiesen, der sich mit Heraklea verbindet und diesem gegen eine Entschädigungssumme Tieon und Kieros zurückgibt (279). Auch an den Kriegen um Makedonien nahmen beide Theil, bis endlich im J. 277 hier ein Friede zu Stande kam, in dem Antiochos den Antigonos als König von Makedonien anerkannte. Mit diesem Friedensschlusse fanden

---

[1]) Memnon 11. 16.
[2]) Vgl. das sg. Decret von Sigeon C. I. Gr. 3695. Droysen III 1, 253 ff.

die Kriege, welche seit Alexanders Tod in ununterbrochener Folge um sein Erbe gekämpft worden waren, ihren Abschluss.

Auch Mithradates hat in dieser Zeit sein Reich erweitert; wir finden ihn später im Besitz von Ankyra und dem umliegenden Theile Phrygiens[1]), das er nur bei dieser Gelegenheit besetzt haben kann. Wichtiger noch war die Erwerbung von Amastris, durch die der Fluss Parthenios die Grenze seines Reiches wurde. Vergeblich hatten die Herakleoten den Eumenes, der Amastris besetzt hielt, durch Waffengewalt wie durch Bestechungen zu bewegen gesucht, ihnen die Stadt zu überlassen; sein Hass gegen sie war so gross, dass er dieselbe lieber unentgeltlich dem Ariobarzanes, Mithradates' Sohn, überlieferte (279).[2])

Sechstes Kapitel.

Pontos und die Galater.
277—235.

Noch hatte der Kampf zwischen den makedonischen Fürsten sein Ende nicht erreicht, als die Galater in Kleinasien erschie-

---

[1]) Steph. Byz. s. v. Ἄγκυρα.

[2]) Memnon 16. Die Zeitbestimmung ergibt sich aus dem Zusammenhange seiner Erzählung. Diese Stelle hat viele Irrthümer veranlasst. Da Mithradat erst 266 starb, halten die Aelteren, wie Vaillant, Ariobarzanes für identisch mit ihm. obwohl Memnon cp. 11 Mithradates mit diesem Namen nennt, und Ariobarzanes nach seinem Bericht erst lange nach 264, dem Jahre der Gründung Nikomediens, stirbt (cp. 20 u. 24). Auch bei Steph. Byz. l. c. erscheinen beide zusammen. — Droysen dagegen (III 1, 273. 277) will die Uebergabe von Amastris in Ariobarzanes' Regierung verlegen, und vermuthet, sie hinge mit dem Kriege zusammen, den Aegypten am Pontos führte (s. u.) Doch auch dazu liegt kein Grund vor. Mithradates, der 279 schon alt war, hatte wahr-

nen (Frühjahr 277 [1]). Zunächst hatte Nikomedes von Bithynien
ihrer zwanzig Tausend in Sold genommen, um seinen aufständischen Bruder Zipoetes zu besiegen; nach dessen Unterwerfung
mögen bald weitere Schaaren gefolgt sein, und nun durchzogen sie raubend und mordend ganz Kleinasien. Livius berichtet, sie hätten dasselbe so getheilt, dass die Trokmer die
hellespontische Küste, die Tolistobogier Aeolis und die Tektosagen das innere Land ausplündern sollten. Antiochos' glän-
zender Sieg [2]) scheint keine dauernden Folgen gehabt zu haben;
sie blieben der Schrecken der westlichen Länder, und wenn
sie nicht im Solde eines Fürsten standen, plünderten sie auf
eigene Hand. Feste Wohnsitze hatten sie noch nicht; wir
werden die Geschichte ihrer Ansiedelung in Galatien, d. h.
dem nordöstlichen Theile Grossphrygiens, später kennen lernen.

Die Gallier erscheinen nun schon frühzeitig in enger Verbindung ja in Abhängigkeit von den pontischen Königen. Es
sind zwar nur wenige Notizen, die uns hierüber erhalten sind;
indessen lassen sie uns doch die damaligen Verhältnisse wenigstens in Umrissen erkennen.

Stephanus von Byzanz hat s. v. Ἄγκυρα folgende Notiz
aufbewahrt: „Apollonios erzählt im siebzehnten Buche der
Καρικά, die neuangekommenen Galater hätten als Bundesgenossen des Mithradates und Ariobarzanes die von Ptolemaeos geschickten Aegypter bis ans Meer verfolgt und ihren
Schiffen die Anker abgenommen; als Lohn für den Sieg
hätten sie Land zur Städtegründung erhalten und die neugegründete Stadt Ankyra genannt. Sie gründeten aber drei
Städte, Ankyra, Pessinus und Tavia, jenes nach den eroberten

---

scheinlich seinem Sohne die Heeresführung überlassen und ihn vielleicht sogar zum Mitregenten angenommen; vgl. u.

[1]) Pausan. X 23, 14. Vgl. Droysen III 2, 379. Im allgemeinen vgl.
Memnon 19. Liv. 38, 16. Justin. 25, 2. Trog. prol. 25. Strabo XII 5, 1.
Pausan. I 4, 5. 8, 2. [2]) Appian Syr. 65. Lucian. Zeuxis.

Ankern, diese beiden nach ihren Führern so benannt." Der
letzte Satz scheint nur ein Zusatz des Stephanos zu sein:
jedenfalls wurden Pessinus und Tavia nicht bei dieser Gelegenheit von den Galatern besetzt, Tavia vielleicht erst um 164.
Wie Pessinus ist auch Ankyra eine uralte Stadt[1]), und die
ganze Geschichte von den Ankern scheint nur eins der in der
späteren Zeit so häufigen etymologischen Lügenmärchen zu
sein. Dagegen der Krieg des Ptolemaeos gegen die pontischen
Könige kann unmöglich erfunden sein. Was ihn veranlasst
haben mag, lässt sich freilich nicht sagen. Vielleicht trat der
ägyptische König als Beschützer der griechischen Städte am
Pontos auf. Droysen verbindet den Angriff auf Pontos mit
dem Kriege zwischen Ptolemaeos Philadelphos und Antiochos I,
den Magas von Kyrene angeregt hatte; doch ist dies nicht
mehr als Vermuthung.[2]) Auch die Zeit lässt sich nur ungefähr feststellen: 278 kamen die Gallier nach Asien, 266
starb Mithradat, in die Zwischenzeit muss der Krieg fallen.
Droysen setzt ihn ins Jahr 266, erst gegen Mithradat, dann
gegen Ariobarzanes; aber *Μιϑριδάτῃ καὶ Ἀριοβαρζάνῃ συμ-
μαχίσαντες* heisst nicht „sie waren Bundesgenossen erst des

---

[1]) Pausan. I 4, 5. Seine Existenz zu Alexanders Zeit bezeugen
Arr. Anab. II 4, 1. Curt. III 1, 22.

[2]) Droysen (III 1, 272 f.) verlegt hierher auch die Besetzung von
Amastris durch Ariobarzanes (s. o.) und verknüpft damit eine Angabe
des Steph. Byz. s. v. *Βερενῖκαι,* Tios (kürzere Form von Tieon) habe
später Berenikae geheissen; er meint Ptolemaeos habe die Stadt erobert und umgenannt. Indessen ein so wichtiges Ereigniss wäre gewiss
in dem so ausführlichen Auszuge, den Photios aus Memnon machte,
nicht übergangen. Ueberdies lesen die besseren Handschriften *Χίος*
(s. Meineke's Ausgabe). Das bekannte Chios kann allerdings auch nicht
Berenike geheissen haben; Meineke vermuthet, es sei der von Polyaen
2, 28, 2 genannte Ort Chi (*τὸ Χῖ καλούμενον*) bei Paraetonion gemeint.
— Wäre übrigens wirklich die Lesung *Τίος* richtig, so müsste man annehmen, die Herakleoten hätten die Stadt so benannt zum Dank für
die reichen Geschenke, die Ptolemaeos ihnen machte (Memnon 25).

einen, dann des andern", sondern „beider zugleich". Es scheint, wofür auch die Angabe von Amastris' Besetzung durch Ariobarzanes spricht, dass dieser Mitregent seines Vaters war.

Vor allem wichtig aber ist, dass Mithradat die Gallier bei Ankyra ansiedelte.[1]) Die Schlacht, in der Antiochos Hierax und Mithradates II den Seleukos Kallinikos besiegten, fand nach Trogus bei Ankyra statt, nach Eusebius (oder vielmehr Porphyrius) in Kappadokien.[2]) Dies lässt sich nur vereinigen, wenn man annimmt, Ankyra (eine phrygische Stadt) habe damals im pontischen Gebiet gelegen. Dann waren aber auch die dort angesiedelten Galater Unterthanen des pontischen Königs, oder erkannten wenigstens seine Oberhoheit an. Dass dies höchst wahrscheinlich ist, werden wir später sehen. —

Mithradates I Ktistes starb 266 nach sechsunddreissigjähriger Regierung.[3]) Sein Sohn Ariobarzanes zerfiel mit den Galatern und es kam zum Kriege. In demselben starb der König (um 256). Sein Sohn, Mithradates II, war noch ein Kind. So konnten die Gallier einen Raubzug unternehmen, der das Reich in grosse Bedrängniss brachte: eine Hungersnoth brach aus. Da schickten die Herakleoten Getreide nach Amisos. Aus Rache wandten sich die Gallier gegen Heraklea, verwüsteten das Gebiet der Stadt, und wurden nur durch grosse Geldsummen zum Rückzuge bewogen.[4]) — Wie der Gallierkrieg zu Ende ging, wissen wir nicht; es scheint nicht, dass die Macht des pontischen Königs geschwächt wurde.

Inzwischen hatten die Seleukiden in fortwährenden Kämpfen ihr Reich nur mit Mühe zusammengehalten. Antiochos I hatte vergeblich versucht, die pergamenischen Fürsten zu bezwingen (263). Sein Sohn Antiochos II (262—247) kämpfte

---

[1]) Danach waren es die Tektosagen. Dazu stimmt, dass nach Livius 38, 16, 12 diese das innere Kleinasien ausplünderten.

[2]) Euseb. I 251. 23 Schoene. Trog. prol. 27.

[3]) Diod. XX 111.   [4]) Memnon 24.

zwar erfolgreich in Thrakien (um 259), aber um so unglücklicher gegen Aegypten, das die meisten Küsten Kleinasiens besetzte. Gleichzeitig empörten sich die Parther und die östlichen Satrapien. Es war daher den syrischen Königen nicht nur unmöglich, ihre Ansprüche auf die neugebildeten kleinasiatischen Staaten aufrechtzuerhalten, sie mussten dieselben anerkennen und sich um ihre Freundschaft bewerben. So vermählte Antiochos II seine Tochter Stratonike mit Ariarathes II, dem Sohne des Königs Ariaramnes von Kappadokien.[1]

Auf Antiochus II Ermordung folgte der grosse Eroberungskrieg des Ptolemaeos Euergetes. Gleichzeitig erhob sich in Kleinasien Antiochos Hierax gegen seinen Bruder Seleukos Kallinikos (um 245). Dieser, um die Unterstützung des mächtigen pontischen Königs zu gewinnen, vermählte ihm seine jüngere Schwester — wahrscheinlich hiess sie wie ihre beiden Töchter Laodike — und gab ihr Grossphrygien zur Mitgift.[2] Ohne Antiochos völlig niedergeworfen zu haben, eilte Seleukos dann nach Syrien, drängte hier Ptolemaeos' Truppen zurück, verbündete sich mit seinem Bruder, dem er zum Lohne Kleinasien überliess. Da schloss Ptolemaeos Frieden (241), und sofort entbrannte der Bruderkrieg aufs neue. Und jetzt trat Mithradat auf Antiochos' Seite: ihm musste daran liegen, das Syrerreich möglichst zu schwächen. Er führte dem Antiochos seine Gallier zu[3]; bei Ankyra kam es zur Schlacht, in der Seleukos

---

[1] Diod. XXXI 28. Euseb. I 251, 5.   [2] Justin. 38, 5, 3. Euseb. l. c.

[3] Euseb. I 251, 23 ff. sagt: puum vero in Kappadokia et adversus Mithridatem secundus congressus esset, duae myriades eius (Seleuki) a barbarjs caesae, ipseque occisus periit. Die Hervorhebung Mithradats scheint anzudeuten, dass seine Unterstützung für Antiochos von entscheidender Wichtigkeit war. Trogus prol. 27 hat nur: quo bello (Seleucus) Ancyrae victus est a Gallis. Polyaen VIII 61 Σέλευκος ὁ περὶ Ἄγκυραν ὑπὸ Γαλατῶν ἡττηθείς. — Im übrigen hoffe ich diese Zeit später einmal genauer behandeln und die Beweise für die oben gegebenen Ansätze liefern zu können.

vollkommen geschlagen ward (240); er musste einen Frieden schliessen, in dem er seinen Bruder als Herrn Kleinasiens anerkannte.

Diese Wirren hatte Eumenes von Pergamon, und nach seinem Tode (Ende 241 oder Anfang 240) sein Vetter und Nachfolger Attalos I zu Eroberungen benutzen wollen. Antiochos zog jetzt gegen ihn mit seinen noch siegestrunkenen Galliern; aber Attalos schlug ihn vollständig bei Pergamon (Sommer 240)[1]. Es ist dies der so vielfach verherrlichte Sieg des Attalos, der ihm den Königstitel verschaffte und den Raubzügen der Gallier ein Ende machte. Die Gallier wurden gezwungen, sich im nordöstlichen Theile Grossphrygiens anzusiedeln. So berichtet Pausanias: „Attalos zwang die Galater, vom Meere hinaufzufliehen in das innere Land, welches sie jetzt noch bewohnen," und: „als die Galater nach Asien hinübergegangen waren, durchzogen sie verwüstend die Küstenlande. Später aber verjagten sie die pergamenischen Fürsten vom Meere nach dem jetzigen Galatien." Ebenso Strabo: „Die Galater besetzten Galatien, nachdem sie lange Zeit umhergewandert waren (πλανηθέντες πολὺν χρόνον) und das Gebiet der Attalen und Bithynier verwüstet hatten, bis diese ihnen freiwillig das jetzt Galatien oder Gallograecien genannte Land überliessen (ἕως παρ᾽ ἑκόντων ἔλαβον τὴν νῦν Γαλατίαν καὶ Γαλλογραικίαν λεγομένην)."[2] Freilich Attalos konnte ihnen das Land nicht anweisen, da es ihm nicht gehörte; eher der bithynische König, der die nördlichen Theile Phrygiens erobert

---

[1]) Polyb. 18, 24, 7. Liv. 33, 21, 3. 38, 16, 14. Strabo XIII 4, 2. Pausan. I 4, 5. 8, 2. Justin. 27, 3. Trog. prol. 27 u. a.

[2]) Pausan. I 4, 5. 8, 2. Strabo XII 5, 1. Vgl. auch Memnon 19 fin. Liv. 38, 16. Justins Behauptung (25, 2, 11): Itaque in auxilium a Bithyniae rege vocati (Galli, im J. 277) regnum cum eo parta victoria diviserunt, eamque regionem Gallograeciam cognominaverunt ist, in dieser Fassung wenigstens, entschieden falsch.

hatte. Aber aller Wahrscheinlichkeit nach überliess ihnen Mithradat ihre neuen Wohnsitze: er hatte ja Grossphrygien als Mitgift seiner Gemalin erhalten. Dafür scheinen dann die Gallier seine Oberhoheit anerkannt zu haben; wenigstens bestehen später Verträge zwischen dem pontischen Könige und den Galatern, die jenem gewisse Rechte einräumen, vielleicht die Gallier zur Heeresfolge verpflichten.[1]) Weiter können dieselben nicht gegangen sein; denn die Galater handeln auch später selbstständig, und bei dem Kriege der Römer gegen sie (189) ist von Pontos nirgends die Rede.

Uebrigens erklärt sich die Erwerbung von Grossphrygien durch Mithradat nur, wenn unsere Annahme, dass ihm die Galater von Ankyra unterthänig waren, richtig ist. Sonst konnte die Erwerbung für ihn keinen Werth haben. Uebrigens behielt Mithradat Grossphrygien nicht — abgesehen von dem von den Galatern besetzten Theile; wir erfahren, dass Antiochos Hierax hier um 238 Tribut eintrieb.[2]) Niebuhr hat die sehr wahrscheinliche Vermuthung aufgestellt, dass Mithradat seine älteste Tochter Laodike schon als kleines Kind dem Antiochos verlobte und ihr Grossphrygien als Mitgift bestimmte, und dies so an die Seleukiden zurückkam.[3]) Denn es wird berichtet, dass Antiochos dieselbe seinem Freunde Logbasis aus Selge übergab und dieser sie mit grosser Sorgfalt erzog. — Später wurde sie mit Achaeos, dem Dynasten Kleinasiens, vermält.[4]) —

Auch der bithynische König, seit etwa 260 Nikomedes' I Sohn Ziaëlas[5]), benutzte die so günstige Gelegenheit zu Eroberungen. Justin erzählt nach der Schlacht von Ankyra in seiner gewöhnlichen inhaltsleeren Weise viel von den Kriegen

---

[1]) Polyb. 26, 6, 4; vgl. u.   [2]) Euseb. I 251, 32.
[3]) Niebuhr, Kl. Schriften I 262.   [4]) Polyb. V 74, 5. vgl. VIII 22, 11.
[5]) Diese Namensform ergibt sich aus seiner von Lambros veröffentlichten Münze: $BA\Sigma I\Lambda E\Omega$-$ZIAH\Lambda A$ (v. Sallet's Ztschr. f. Num. III 220). Die Alten schreiben $Z\eta\lambda\alpha\varsigma$ und Zielas.

und Eroberungen eines rex Bithynus Eumenes, dem er auch den Galatersieg des Attalos zuschreibt.[1]) Er hat hier nicht weniger als drei Personen vermengt: die Pergamener Eumenes I und Attalos I und den Bithynerkönig. Wenn sich, was wahrscheinlich scheint, seine Angabe cum Eumenes majorem partem Asiae occupasset bei Trogus auf Ziaëlas bezog, so war dieser wohl der Eroberer von Phrygia epiktetos, das ja bis 190 bithynisch blieb.[2]) Zuverlässigeres über seine Eroberungen geben zwei Notizen des Stephanus Byzantinus:

Κρῆσα πόλις Παφλαγονίας, ἥν . . . . *Ζηίλας εἷλεν ὁ Νικομήδους υἱός,* und

Ζῆλα τόπος Ἀρμενίας . . . ἔστι καὶ Ποντικὴ Ζῆλα . . . ἔστι καὶ Ζηίλα τρισυλλάβως, πόλις Καππαδοκίας, ἥν ἔκτισεν ὁ Νικομήδους υἱός Ζηίλας.

Von Kresa hat Droysen wahrscheinlich gemacht, dass es identisch ist mit Kratea (Flaviopolis), das später zu Bithynien gerechnet wird.[3]) Das armenische Zela ist mit dem pontischen identisch; Stephanus' Irrthum ist durch Strabo XI 8, 4 und XII 3, 37 hervorgerufen. Von Zeïla (oder Ziela) dagegen scheint noch bei Plinius die Rede zu sein, der in seiner sehr verwirrten Beschreibung der kappadokischen Landschaften VI 3, 8 ein Zela, und daneben VI 3, 10 ein Zeila in Pontos erwähnt, bei dem Caesar den Pharnakes besiegt habe. Nur heisst der letztere Ort stets Zela; der erstere würde dann Zeila sein.

Es scheint also, dass Ziaëlas nicht nur in Paphlagonien Eroberungen machte, sondern auch Kappadokien (oder wohl eher Pontos?) angriff, allerdings wohl schwerlich mit dauerndem Erfolg. Seine Truppen waren Gallier; und von den Häuptlingen derselben wurde er, als er sie aus dem Wege

---

[1]) Justin 27, 4.   [2]) Vgl. meine „Geschichte von Troas" pg. 101.
[3]) Droysen III 2, 262.

räumen wollte, erschlagen (um 235 [1]). Ihm folgte sein Sohn Prusias I (bis 185?), der sein Reich im Westen um Chalkedon, Kios (seitdem Prusias am Meere) und Myrlea (seitdem Apamea) erweiterte, die ihm Philipp von Makedonien 202 schenkte; er gründete hier auch Prusa am Olympos. Im Osten entriss er um 195 den Herakleoten Tieon und Kieros (seitdem Prusias am Hypios).

Siebentes Kapitel.

Bis zum Uebergang der Römer nach Asien.
235—190.

Wenige Jahre nach dem Frieden von 240 brach der Bruderkrieg im seleukidischen Reiche aufs neue aus. Antiochos wurde nach mannigfachen Wechselfällen besiegt, wieder auf Kleinasien beschränkt. Hier griff er dann den Attalos an, dieser schlug ihn (228), jagte ihn nach Thrakien, wo er im nächsten Jahre umkam, und besetzte das ganze seleukidische Kleinasien. Auch Seleukos starb (225), sein Sohn Seleukos III rüstete sich zu einem Heereszuge nach Kleinasien, wurde aber auf demselben von zwei gallischen Hauptleuten erschlagen (222). Sein Bruder Antiochos III überliess die Führung des Krieges dem Achaeos, dem Bruder seiner Mutter. Dieser eroberte Kleinasien wieder, empörte sich aber 219 und nahm

---

[1] Trog. prol. 27. Phylarch fr. 32. Mit seiner Tochter vermält sich Antiochos Hierax (Euseb. I 251, 39). Uebrigens will ich bemerken, dass er im Kampfe mit seinem Stiefbruder Tiboetes, den Nikomedes zum Erben eingesetzt hatte, sich tolistobogischer Gallier bediente (Memn. 22). Die Tolistobogier sind der westlichste galatische Stamm; es wäre daher möglich, dass Ziaëlas sie auf seinem Gebiete ansiedelte.

den Königstitel an. Antiochos III hatte inzwischen den Aufstand der östlichen Satrapen niedergeworfen, kämpfte dann gegen Aegypten unglücklich. Erst 216 zog er über den Tauros, eroberte Sardes, nahm Achaeos gefangen, liess ihn hinrichten (215); so wurde Kleinasien noch einmal mit dem seleukidischen Reiche vereinigt.

Achaeos war, wie wir schon gesehen haben, mit Mithradates' II Tochter Laodike vermält. Eine andere Tochter desselben, gleichfalls Laodike genannt, führte im Jahre 221 der Nauarch Diognetos als junges Mädchen dem Antiochos III zu, zu dessen Gemalin sie bestimmt war. Antiochos hielt sich gerade in Seleukia am Zeugma auf (in Mesopotamien); hier wurde die Hochzeit mit grossem Pomp gefeiert.[1]

Im nächsten Jahre griff Mithradat Sinope an. Sinope lag auf dem zwei Stadien breiten Isthmos einer kleinen Halbinsel, so dass es zwei Häfen hatte. Die Stadt selbst war gut befestigt, und ein Angriff von der Landseite brachte keine Gefahr; auch die Halbinsel im Norden der Stadt war vom Meere aus schwer zugänglich, da sie steil und mit vielen Felsvorsprüngen ins Meer abfiel und keine guten Ankerplätze bot. War der Feind aber gelandet, so war die Stadt von hier aus leicht anzugreifen.[2] Die Sinopenser fürchteten daher, der König werde hier landen und die Stadt von beiden Seiten angreifen. Sie befestigten desshalb die Ufer der Halbinsel, schafften Vertheidigungsmittel hierher und stellten Posten aus. Dann wandten sie sich um Hülfe an die Rhodier, die Vertheidiger der griechischen Städtefreiheit, die hier wie immer zur Unterstützung bereit waren. Sie gaben 140000 Dr. zur Anschaffung von Vertheidigungsmaschinen, Rüstungen, Tauen; der Rest (3000 Goldstücke zu 20 Dr.) wurde in Gold ausgeprägt.[3]

---

[1] Polyb. V 43.   [2] Polyb. IV 56. Strabo XII 3, 11. Vgl. Hamilton I 290.   [3] Polyb. IV 56.

So war Sinope in den Stand gesetzt, sich zu vertheidigen; erst 183 fiel es in die Hände der pontischen Könige.

Dies sind alle Nachrichten, die uns aus dieser Periode über Pontos erhalten sind.[1]) Selbst die Königsreihe lässt sich hier nur durch Combination feststellen. Plutarch sagt nämlich: Μιθριδάτης (I Ktistes) . . τὸ τῶν Ποντικῶν βασιλέων γένος, ὀγδόῃ που διαδοχῇ παυσάμενον ὑπὸ Ῥωμαίων, παρέσχεν; ebenso Appian: „Mithradates (VI Eupator) war der achte König, von dem Mithradates, der das pontische Reich gewann, gerechnet (ὄγδοος ἀπὸ Μιθριδάτου τοῦ κτησαμένου τὴν Ποντικὴν ἀρχήν).“ An einer andern Stelle sagt Appian: Mithradates I übergab das Reich seinen Nachkommen; diese herrschten, einer nach dem andern, von Mithradates I bis auf Mithradates VI (ἕως ἐπὶ τὸν ἕκτον ἀπὸ τοῦ πρώτου Μιθριδάτην)“.[2]) Mithin haben in Pontos acht Könige regiert, von

---

[1]) Der in einem Fragment des Agatharchides (lb. 35 fr. 11 Müller Vol. III, aus Athen. XII 527 f.) genannte Mithradates (Ἀρυκανδεῖς Λυκίας ὅμοροι ὄντες .Λιμυρεῖσι διὰ τὴν περὶ τὸν βίον ἀσωτίαν καὶ πολυτέλειαν κατάχρεοι γενόμενοι καὶ διὰ τὴν ἀργίαν καὶ φιληδονίαν ἀδυνατοῦντες ἀποδοῦναι τὰ δάνεια προσέκλιναν ταῖς Μιθριδάτου ἐλπίσιν, ἆθλον ἕξειν νομίσαντες χρεῶν ἀποκοπάς) kann unmöglich ein pontischer König sein. Es ist vielmehr der Mithradates, den Liv. 33, 19, 9 neben Ardys als Sohn und Feldherrn des Antiochos III in Lykien nennt, und das Fragment bezieht sich auf die Eroberung Lykiens und der sonstigen kleinasiatischen Besitzungen der Ptolemaeer durch Antiochos.

[2]) Plut. Demetr. 4. App. Mithr. 112. ib. 9. Bisher hat man letztere Stelle immer dahin missverstanden, es hätten nur sechs Könige, nicht sechs Mithradates, in Pontos geherrscht, und danach die anderen Stellen ändern wollen. Da man M. II von Kios für den Ktistes hielt, erhielt man dann folgende Reihenfolge, nach der jetzt noch immer gezählt wird: M. II Ktistes (unser M. II v. Kios) † 302. M. III (unser M. I Ktistes), den man mit Ariobarzanes identificirte, 302—266. M. IV (unser M. II) 266 bis ca. 200. Pharnakes. M. V Euergetes. M. VI Eupator. Wir haben ausserdem noch die Angabe des Synkellos (I pg. 523 Bonn), es hätten in Pontos 10 Könige 218 Jahre lang geherrscht. Dieselbe ist eben so unbrauchbar wie z. B. die über Kappadokien, wo 7 Könige 160 Jahre lang geherrscht haben sollen.

denen sechs Mithradates heissen. Nun kennen wir aus den Schriftstellern folgende Könige:

Mithradates I Ktistes 302—266,

Ariobarzanes, des vorigen Sohn (Memnon 17) 266 bis ca. 256,

Mithradates II, dessen Sohn (Memnon 24), regiert noch 220,

Pharnakes, avus des Mithradates VI (Justin 38, 6) regiert schon 183 † 170,

Mithradates V Euergetes, regiert schon 148 (App. Mithr. 10), † 121/0,

Mithradates VI Eupator, dessen Sohn (C. I. gr. 2277 a. Strabo X 4, 10. App. Mithr. 10) 121—63.

Wir müssen daher zwei Mithradates, III und IV, einschieben, für die in der Zeit vor Pharnakes wie nach ihm Platz genug ist. Einer derselben hat sich neuerdings auf einer Münze gefunden. Wir besitzen nämlich von den Königen vor Mithradates VI folgende Münzen:

1) Tetradrachmen, die auf der Vorderseite den Kopf des Königs, der ein Diadem trägt, auf der Rückseite den Zeus aetophoros, auf einem Throne sitzend, und im Felde die Mondsichel mit einem Stern, oder vielmehr der Sonne, darüber zeigen. Letzteres ist das gewöhnliche Zeichen der Münzen aller pontischen und bosporanischen Könige. Die Legende ist *BAΣIΛEΩΣ MIΘPAΔATOY*.[1]) Diese Münzen müssen einem Vorgänger des Pharnakes angehören, da der König noch keinen Beinamen trägt, wahrscheinlich dem letzten, d. h. wie wir sehen werden Mithradates III.

2) Tetradrachmen und Drachmen mit der Legende *BAΣIΛEΩΣ ΦAPNAKOY*. Die Vorderseite zeigt den Kopf des Königs, theils bärtig, theils in höherem Alter bartlos, die

---

[1]) Mionnet III pg. 358 no. 3. Suppl. IV no. 6. 7. Waddington rev. num. VIII 1863. Head, Num. Chronicle XI 1871 pg. 167. Ferner, wie zu allem folgenden, Visconti, Iconographie grecque. Bd. II 125 ff. und pl. 42, und Eckkel, Doctr. Numm. II 362 ff.

Rückseite eine stehende Figur, die in der Linken Füllhorn
und Caduceus trägt, in der Rechten eine Weintraube,. an der
ein Reh frisst. Einmal befindet sich über derselben ein Donner-
keil. Im Felde ist wieder die Mondsichel mit der Sonne darüber.[1])

3) Ferner hat Vaillant eine Münze publicirt, die auf der
Vorderseite den Kopf des Königs zeigt, auf der Rückseite eine
bärtige Gottheit, mit einem langen Mantel bekleidet; auf dem
Kopfe trägt sie den Modius, auf der Rechten einen Adler, in
der Linken ein Scepter. Die Legende ist *ΒΑΣΙΛΕΩΣ ΜΙ-
ΘΡΑΔΑΤΟΥ ΕΥΕΡΓΕΤΟΥ*, ausserdem trägt die Münze das
Datum *ΓΟΡ* 173 der pontischen Aera = 124 v. Chr. Diese
Münze hat sich jedoch nicht wiedergefunden, und ihre Aecht-
heit ist sehr fraglich.[2])

4) Nun ist neuerdings eine Tetradrachme gefunden worden, die v. Sallet folgendermassen beschreibt:

Hs. Bärtiger Kopf des Königs mit Diadem.

Rs. *ΒΑΣΙΛΕΩΣ ΜΙΘΡΑΔΑΤΟΥ ΦΙΛΟΠΑΤΟΡΟΣ ΚΑΙ
ΦΙΛΑΔΕΛΦΟΥ.* Perseus, der Stammvater der achämeni-
schen Könige, stehend, von vorn, in der Rechten das Medusen-
haupt, in der Linken die Harpe. Oben das Achaemeniden-
abzeichen, Mondsichel mit Sonne[3].) In dem sehr schönen Por-
trait ist die Familienähnlichkeit mit Mithradates (III) und
Pharnakes unverkennbar. Da nun wegen des Beinamens die
Münze in die Zeit nach Pharnakes gehört, vermuthet v. Sallet,
sie gehöre Mithradates V an, dessen Beiname Euergetes
vielleicht irrthümlich überliefert sei. Indessen diesen Beinamen geben ihm nicht nur Strabo und Appian, sondern
auch Inschriften von Delos.[4]) Mithradates Philopator Phila-

---

[1]) Mionnet l. c. no. 4. Waddington l. c. Head, Num. Chron. XIII 1873,
121.   [2]) s. Vaillant, imper. Achaem. Mionnet III pg. 359 no. 5. Waddington l. c. v. Sallet, Ztschr. f. Num. IV 1876 pg. 232.   [3]) v. Sallet l. c.
[4]) Strabo X 4, 10. Appian Mithr. 10. C. I. gr. 2276. 2277.

Philadelphos muss mithin zwischen Pharnakes und Mithradates Euergetes regiert haben. Seine Beinamen lassen vermuthen, dass letzterer sein Bruder war [1]); dann würde auch Trogus' Bezeichnung des Pharnakes als avus Mithradates' VI richtig bleiben. [2]) Dies wäre also Mithradates IV; Mithradates III würde dann der Vorgänger des Pharnakes sein, und ihm gehören wahrscheinlich die unter 1) besprochenen Münzen. Wir erhalten demnach folgende Königsreihe:

1. Mithradates I Ktistes 302—266,
2. Ariobarzanes 266 bis ca. 256,
3. Mithradates II ca. 256 bis ca. 210 [3]),
4. Mithradates III ca. 210 bis ca. 190,
5. Pharnakes ca. 190—170,
6. Mithradates IV φιλοπάτωρ καὶ φιλάδελφος 170 bis ca. 150,
7. Mithradates V Euergetes ca. 150—121,
8. Mithradates VI Eupator 121—63.

---

[1]) φιλάδελφος liesse auch die Annahme zu, er sei Pharnakes' Bruder gewesen, aber dann erklärte sich φιλοπάτωρ nicht. Oder hatte er vielleicht seine Schwester geheirathet? — Uebrigens muss M. V Euergetes bei seiner Ermordung noch jung gewesen sein, da sein Sohn noch unmündig war.

[2]) bei Justin 38, 6.

[3]) M. II muss ziemlich lange regiert haben, da er als Knabe schon auf den Thron kam. Zuletzt erwähnt wird er, wie wir sahen, im J. 220.

Achtes Kapitel.

Umfang und innere Verhältnisse
des pontischen Reichs.

Das pontische Reich umfasste, als Mithradates VI zur
Regierung kam, alles Land östlich vom Halys bis zu den Tibarenern und Armeniern; dazu kam diesseits des Halys die
paphlagonische Küste bis Amastris und ein Theil des inneren
Landes.[1]) An der Küste war Sinope noch selbstständig bis
183; im Westen bildete der Parthenios die Grenze gegen
Heraklea, und dann, als Prusias I diese früher so mächtige
Republik durch Eroberung von Tieon und Kieros auf ihr un-
mittelbares Stadtgebiet beschränkt hatte, gegen Bithynien. Im
inneren Paphlagonien herrschten eigene Fürsten, von denen
ein König Morzios im J. 189 und wieder 179 genannt wird;
seine Residenz war Gangra.[2]) Neben ihm finden wir in den
Jahren 182/1 einen Fürsten Gaizatorix, der nach Paphlagonien
zu gehören scheint, da nach Strabo eine Landschaft des westlichen Paphlagoniens ἡ Γεζατόριγος hiess.[3]) Wie es scheint,
erkannten diese Fürsten die pontische Oberhoheit an; im Frieden von 179 wurde Pharnakes gezwungen, Paphlagonien zu
räumen. Ob erst damals oder schon früher die alten pontischen Besitzungen auf der Südseite des Olgassys, mit Kimiata,
dem Ausgangspunct der pontischen Herrschaft, an Paphlagonien kamen, wissen wir nicht.[4]) Später scheint ein König
Pylaemenes, der im J. 131 genannt wird, das ganze Land
vereinigt zu haben[5]); er soll in seinem Testamente Mithra-

---

[1]) Strabo XII 3, 1. 9. 41.   [2]) Liv. 38, 26, 4. Polyb. 26, 6. Strabo
XII 3, 41.   [3]) Polyb. 25, 4, 6. Strabo l. c.   [4]) nach Strabo l. c.
gehört Kimiata später nicht mehr zu Pontos.   [5]) Eutrop. 4, 20. vgl.
Justin 37, 4.

dates V zum Erben eingesetzt haben. — Der Name Pylaemenes ist sehr charakteristisch für die Verbreitung hellenischen Einflusses auch in dieser entlegenen Gegend; denn er
ist der Ilias entlehnt, in der Pylaemenes als Fürst der Paphlagoner erscheint.[1]) Die späteren Fürsten waren stolz, auf diese
Weise ihr Geschlecht an einen den Hellenen bekannten Heros
anknüpfen zu können.

Südlich von den Paphlagonen hatten sich die Galater
niedergelassen. Ueber ihre Wohnsitze im Westen des Halys
ist schon mehrfach gesprochen; später finden wir auf seiner
Ostseite die Trokmer mit der Hauptstadt Tavion. Hier scheinen sie sich jedoch in grösseren Massen erst spät angesie-
delt zu haben. Denn als Gn. Manlius Vulso im J. 189 gegen
die Galater zog, überschritt er den Halys nicht. Dagegen
nahmen die Trokmer nicht nur mit den Tektosagen zusammen
am Kampfe Theil, sondern brachten auch ihre Weiber und
Kinder bei diesen auf dem Berge Magaba in Sicherheit[2]), was
doch gewiss unnöthig war, wenn sie jenseits des Halys ihre
Wohnsitze hatten. Nach der Niederlage fliehen die Galater
über den Halys, ohne hier auf Widerstand zu stossen[3]); ein
Theil des jenseitigen Landes war also schon von ihnen besetzt.
Und nun erfahren wir, dass im J. 164, als die Angriffe der
Gallier auf die pergamenischen Fürsten eben mit Mühe zurückgewiesen waren[4]), die Trokmer ein Stück Kappadokiens zu
erobern suchten. Sie wurden freilich von Ariarathes (IV) besiegt, wandten sich aber jetzt nach Rom und suchten den
König zu verläumden. Die Römer schickten eine Gesandtschaft
zur Untersuchung ab, die vom Könige mit allen Ehren empfan-
gen wurde. Wie aber ihre Entscheidung lautete, wissen wir

---

[1]) Il. *B* 851. *E* 576. *N* 643 ff. Vgl. v. Gutschmid in v. Sallet's Ztschr.
f. Num. III 150 ff.   [2]) Liv. 38, 19, 2. 26, 3.   [3]) Liv. 38, 27, 6.
Appian Syr. 42.   [4]) Polyb. XXX 1. 17, 12. XXXI 2. XXXII 3. 5.
Trog. prol. 34.

nicht.[1]) Ich halte es indessen für wahrscheinlich, dass erst damals der ganze Stamm der Trokmer über den Halys ging.

Ueber das Verhältniss der Galater zu den pontischen Königen ist schon gesprochen. Ihre Verfassung schildert Strabo: „Die Galater bestehen aus drei gleichsprachigen und in nichts unterschiedenen Stämmen; von diesen haben sie jeden in vier Theile getheilt, die sie Tetrarchien nennen; jede von diesen hat einen Tetrarchen, einen Richter und einen Heerwart ($\sigma\tau\rho\alpha\tau o\varphi\acute{v}\lambda\alpha\xi$), die unter dem Tetrarchen stehen, ausserdem zwei Unterfeldherren ($\acute{v}\pi o\sigma\tau\rho\alpha\tau o\varphi\acute{v}\lambda\alpha\xi$). Der Rath der zwölf Tetrarchen besteht aus dreissig. Männern, die sich zu Drynemeton versammeln. Sie entscheiden über Mordthaten; sonst steht die Gerichtsbarkeit dem Tetrarchen und dem Richter zu. Später kam dann die Herrschaft an drei, dann an zwei Fürsten, und schliesslich vereinigte Dejotaros alle Gallier."[2])

Aehnliche Einigungsbestrebungen unternahm schon zur Zeit des Römerangriffs der Tetrarch der Tolistobogier Ortiagon[3]), ein tapferer und einsichtiger Mann, der sich durch hochherzige Gesinnung und viele Wohlthaten allgemein beliebt gemacht hatte. Es scheint jedoch, dass sich die pergamenischen Fürsten der Unterdrückten annahmen; vor allem traten sie wohl auch im Interesse des ihnen befreundeten Hohenpriesters von Pessinus auf.[4]) Es kam zum Kriege zwischen Eumenes und

---

[1]) Polyb. XXXI 13.

[2]) Strabo XII 5, 1. Plin. V 42, 146 nennt in seiner sehr verwirrten Beschreibung Galatiens als gentes: Tolistobogi et Voturi et Ambitouti; Tectosages ac Toutubodiaci; Trogmi. Wahrscheinlich haftete der Name einzelner Tetrarchen an bestimmten Districten, und Plinius machte Stämme daraus. Dann folgt die Angabe populi vero ac tetrarchiae omnes numero CXCV, die so entschieden falsch ist. Doch mag die Zahl vielleicht die Anzahl der einzelnen Gaue (pagi) sein.

[3]) Polyb. XXII 21. Liv. 38, 19, 2. 24, 2. Bekannt ist die heldenmüthige Rache, die sein Weib an einem centurio nahm. [4]) Die Beziehungen der Attalen zu den Priestern von Pessinus sind aus den von A. D. Mordtmann (Sitzgsber. bair. Akad. Juli 1860) veröffentlichten Inschriften bekannt.

Ortiagon, von dem uns jedoch nichts weiteres überliefert wird.[1]) Jedenfalls hat Ortiagon sein Unternehmen nicht ausführen können.

Als Grenze zwischen Pontos und Kappadokien bezeichnet Strabo eine ὀρεινή, die sich dem Tauros parallel von den westlichen Theilen der kappadokischen Strategie Chammanene bis nach den östlichen Theilen Laviansenes hinziehe. Mazaka liege etwa 800 Stadien von der pontischen Grenze entfernt, Kappadokien selbst sei vom Tauros bis an die pontische Grenze etwa 1800 Stadien breit.[2]) Demnach könnte es scheinen, dass das Grenzgebirge der Tschamlybel und seine westlichen Ausläufer wären. Nun wird aber das obere Halysthal mit den Orten Kamisa und Sebastia von Strabo selbst zu Pontos gerechnet[3]); die Grenze muss also weiter südlich sein und Strabos Zahlen sind bedeutend zu hoch gegriffen. Wahrscheinlich bildeten die Höhen am Delidsche Irmak die Grenze, die vielleicht etwas nördlicher anzusetzen ist als z. B. auf der Kiepertschen Karte.

Im Osten war Kleinarmenien der Nachbarstaat von Pontos und stand von diesem in Abhängigkeit. Der Fürst Mithradates, der hier im J. 214 und 179 erwähnt wird, heisst σατράπης τῆς Ἀρμενίας.[4]) Das Gebiet Kleinarmeniens umfasste

---

[1]) Polyb. III 3, 6. ἐπιβαλοῖμεν τοὺς Εὐμένει σvστάντας πρός τε Προυσίαν (ca. 185) καὶ Γαλάτας πολέμους. Trog. prol. 32: In Asia bellum a rege Eumene gestum adversus Gallum Ortiagontem, Pharnacem Ponticum, et Prusiam. Der Krieg muss in die Jahre 184/3 fallen.

[2]) Strabo XII 2, 9. 10.

[3]) Strabo XII 3, 37. Die Lage von Kamisa ist durch das heutige Dorf Keimes bestimmt (Ritter, Erdk. XVIII 251); Sebastia ist wahrscheinlich identisch mit Strabos Megalopolis. Strabos Angabe XII 3, 12, der Halys ἔχει τὰς πηγὰς ἐν τῇ μεγάλῃ Καππαδοκίᾳ τῆς Ποντικῆς πλησίον κατὰ (in der Nähe von) τὴν Καμισηνήν ist demnach nicht richtig, wenn Strabo nicht etwa einen kleineren Zufluss des Halys als den eigentlichen Quellfluss betrachtete.

[4]) Polyb. VIII 25. XXVI·6, 11. Vgl. Strabo XII 3, 28.

einen grossen Theil der Chalyber und Tibarener bis nach
Pharnakia und Trapezus. Im übrigen denke ich über die
Zustände Armeniens bald ausführlicher zu handeln.

Wie weit sich die Eroberungen der pontischen Könige
im Gebiet der wilden Stämme des Ostens ausdehnten, lässt
sich nicht sagen. Da Pharnakes hier Pharnakia gründete,
wird er wohl dies Gebiet erst erobert haben. Trapezus war
daher vielleicht noch frei. —

So war das pontische Reich auf allen Seiten von kleineren
Staaten umgeben, die eine unmittelbare Berührung mit den
Grossmächten verhinderten und den pontischen Königen ge-
statteten, nur dann in die Weltbegebenheiten einzugreifen,
wann es ihnen geeignet schien. Nur diese günstige Lage hat
es Mithradates VI möglich gemacht, eine solche Macht zu er-
werben und den Römern so lange zu widerstehn; bei einer unmittelbaren Berührung mit dem römischen Gebiet wäre selbst
die damalige schlaffe Regierung weit früher eingeschritten.
Es würde freilich auch so Pontos niemals zu so hervorragen-
der Bedeutung gelangt sein, wenn nicht die Könige an Energie
alle zeitgenössischen Fürsten übertroffen hätten.

Eine rücksichtslose Selbstsucht, die nur den eigenen Vor-
theil kennt und kein Mittel scheut um Macht zu erlangen,
charakterisirt alle Glieder des pontischen Königshauses, die
wir kennen. So betheiligt sich Mithradates, des jüngeren Kyros
Freund, mit Ariaeos an dem Verrath der Griechen[1]); Ariobarzanes, Satrap von Phrygien, empört sich gegen den Grosskönig; sein Sohn Mithradates (II von Kios) geht dagegen zu
diesem über und ermordet auf hinterlistige Weise den Datames.
Ebenso war Pharnakes — von den übrigen Königen wissen
wir nichts — nach Polybios „gewaltthätiger als alle Könige

---

[1]) Es ist freilich durchaus nicht zu erweisen, dass dieser identisch ist mit Mithradates I von Kios.

vor ihm"[1]); und wie Mithradates VI vor keinem Verbrechen
zurückscheute, wie einer seiner Söhne nach dem andern sich
gegen ihn empörte, und Pharnakes seines Vaters Leiche den
Römern auslieferte, ist bekannt genug. Aber dieselbe Energie,
die sich hier in so empörender Weise äussert, hat es bewirkt,
dass das pontische Reich von Geschlecht zu Geschlecht an
Macht wuchs, dass die Fürsten in schwierigen Zeiten die
Galater im Zaum halten, ja von sich abhängig machen konnten,
vor denen die Seleukiden zitterten; durch sie hat Mithradates VI den Römern über zwanzig Jahre lang Widerstand
geleistet und ihre Herrschaft bedroht wie kein asiatischer
oder griechischer Fürst vor oder nach ihm.

Das Geschlecht der pontischen Könige war ein persisches,
und mit Vorliebe wurde die Erinnerung an die altadlige Abstammung gepflegt, das Geschlecht von Darios I abgeleitet —
Mithradates VI behauptete, dessen sechzehnter Nachkomme zu
sein[2]) — und um der Herrschaft den Schein der Legitimität
zu geben, eine ununterbrochene Herrschaft der Ahnen in Pontos
behauptet. Auch bewahrte Mithradates VI in Talaura unter
andern Reliquien des Darios I auch dessen Ruhebett.[3]) Andrerseits waren die Ahnen der pontischen Könige schon früh mit
griechischer Cultur in Berührung gekommen. Man nimmt an,
dass der Mithradates, Sohn des Rhodobates (Orontobates?),
welcher in der Akademie eine von Silanion verfertigte Statue
Platos errichten liess[4]), mit dem Vater des Ariobarzanes identisch sei. Der letztere wurde mit seinen Söhnen athenischer
Bürger[5]), und wenn Mithradates Ktistes ein vertrauter Freund
des Demetrios war, muss er jedenfalls der griechischen Sprache
und Sitte vollkommen mächtig gewesen sein. Auch die spä-

---

[1]) Φαρνάκης πάντων τῶν πρὸ τοῦ βασιλέων ἐγένετο παρανομώτατος; Polyb. XXVII 15, 1.   [2]) Appian Mithr. 112.   [3]) ib. 115. 116.
[4]) Diog. Laert. III 20, 25.   [5]) Demosth. 23, 141. 202.

teren Könige pflegen die Beziehungen mit Griechenland.
Mithradates VI war griechisch erzogen und ein Freund der
Musik und der griechischen Spiele; er wie sein Vater Mithradates V Euergetes sandten Weihgeschenke an das Gymnasion
in Delos, und hier scheint eine nach Mithradates VI benannte
Genossenschaft der Eupatoristen existirt zu haben.[1]) Charac-
teristisch ist auch, dass die oben erwähnte Münze des Mithradates IV Philopator Philadelphos auf dem Revers die Figur
des Perseus zeigt, der schon bei Herodot als Stammvater der
Perser gilt[2]); so erkennt diese Münze, indem sie die persische
Abstammung betont, zugleich die griechische Sage an. Wie
sich diese Doppelstellung der Könige auch im Cult ausspricht,
werden wir später sehen.

Die pontischen Könige sind nie als nationale Fürsten auf-
getreten, sie standen nicht an der Spitze einer nationalen
Reaction gegen den Hellenismus, wie die Könige von Atro-
patene, von Armenien, auch die von Kappadokien. Im Gegen-
theil, Mithradates Ktistes hatte die kriegslustige makedonische
Besatzung zu den Waffen gerufen. Auch konnte im pontischen
Reich von Nationalgefühl und nationalem Leben garnicht die
Rede sein: waren doch die verschiedenartigsten Nationen in
demselben vereinigt und der wichtigste Theil des Landes, die
Küste, in den Händen der Griechenstädte.

So fand die hellenistische Cultur von Anfang an Eingang
in Pontos. Dass Griechisch die officielle Sprache wurde, war
selbstverständlich; aber allmählich verbreitete sich dasselbe
auch auf dem Lande.[3]) Amasia, die Residenz der Könige,

---

[1]) C. I. gr. 2276—78.

[2]) Uebrigens findet sich Perseus auf pontischen Münzen mehrfach,
so in Amisos (Mionnet IV no. 46. 53), Komana (no. 107), Sinope (no. 84—86),
Amastris (no. 7. 9), hier vielleicht, weil Amastris, die Gründerin der
Stadt, aus persischem Königsgeschlecht stammte.

[3]) Das Land der wilden Stämme des Ostens heisst daher bei den

wurde eine griechische Stadt: es ist bezeichnend, dass Dio-
doros, der im mithradatischen Kriege den Rath von Adramy-
tion umgebracht hatte und sich dann nach Amasia zurückzog,
hier so verachtet wurde, dass er sich durch Hunger tödtete.[1])
Amasia ist bekanntlich die Heimath Strabos, eines der zuverlässigsten und gelehrtesten Schriftsteller des gesammten Alterthums.[2])

Auf religiösem Gebiete vermischten sich hier wie überall die
griechischen Culte mit den einheimischen. So wurde die Göttin
von Komana jetzt für die Artemis Tauropolos erklärt; Orestes
und Iphigenia hatten den Cult, ja das alte Götterbild hierher
gebracht, jener sein Haar hier abgeschnitten, danach sei der
Ort benannt (von $\varkappa\acute{o}\mu\eta$). Genau dasselbe wurde vom kappadokischen Komana erzählt, auch an beiden Orten das Opfer-
schwert der Iphigenie gezeigt.[3]) Der Hohepriester von Komana
war Herr des Ortes und des umliegenden Landes; die etwa
6000 Hierodulen, die in Komana ansässig waren, waren Tempel-
sclaven, die nicht verkauft werden durften. Im Range stand
der Hohepriester nur dem Könige nach; bei den Processionen
($\dot{\epsilon}\xi\acute{o}\delta o\iota$ $\tau\tilde{\eta}\varsigma$ $\vartheta\epsilon o\tilde{v}$), die zweimal im Jahre stattfanden, trug er
ein Diadem.[4]) Doch erstreckte sich die Macht des Königs
auch über ihn; wenigstens erfahren wir, dass Mithradates VI
seinen Günstling Dorylaos erst zum Priester von Komana
machte, dann, als derselbe mit den Römern in Verbindung
trat, hinrichten liess.[5])

---

späteren $\dot{\eta}$ $\beta\acute{a}\varrho\beta a\varrho o\varsigma$ im Gegensatz zu den hellenisirten Kappadokern:
Strabo XII 3, 31. Marc. Heracl. 9 (Müller, geogr. Gr. min. Vol. I).
    [1]) $\dot{a}\pi\epsilon\varkappa a\varrho\tau\acute{\epsilon}\varrho\eta\sigma\epsilon\nu$ $a\dot{\iota}\sigma\chi\varrho\tilde{\omega}\varsigma$ $o\dot{v}$ $\varphi\acute{\epsilon}\varrho\omega\nu$ $\tau\dot{\eta}\nu$ $\delta\upsilon\sigma\varphi\eta\mu\acute{\iota}a\nu$ $\dot{\epsilon}\nu$ $\tau\tilde{\eta}$ $\dot{\eta}\mu\epsilon$-
$\tau\acute{\epsilon}\varrho\varrho$ $\pi\acute{o}\lambda\epsilon\iota$ Strabo XIII 1, 66.   [2]) Andere Schriftsteller, die aus Pontos
gebürtig sind — abgesehen von Kirchenvätern und Byzantinern — sind
mir nicht bekannt. Aus den griechischen Städten (Sinope, Amisos) gingen
bekanntlich viele bedeutende Schriftsteller hervor.   [3]) Strabo XII 2, 3.
Dio C. XXXVI 13. Procop. bell. pers. I 17.   [4]) Strabo XII 3, 32 ff. Hirt.
bell. Alex. 66.   [5]) Strabo XII 3, 33. X 4, 10.

Eine ähnliche Stellung nahm der Priester des Mondgottes (*Μὴν Φαρνάκου*) in Kabira ein. Auch er bezog seine Einkünfte aus dem umliegenden Lande, und zum Tempel gehörte ein grosses Hierodulendorf Ameria. Der Eid beim Men Pharnakou galt den Königen als der höchste und heiligste.[1)] ⹁

Daneben begünstigten die Könige auch die griechischen Culte; Mithradates VI baute Tempel in Amisos.[2)] Vor allem aber verehrten sie die persischen Götter. Als Mithradates VI in Kappadokien einfällt, bringt er dem Zeus Stratios, d. i. dem Ahuramazda, der die Schlachten lenkt, ein Opfer nach der Sitte seiner persischen Ahnen; dasselbe wiederholt er bei seinem Einfall in Bithynien.[3)] Die persischen Götter Anaitis (Anâhita), Omanos (doch wohl Vohumano und nicht Haoma) und Anadates (unbekannt) hatten ein grosses Heiligthum zu Zela, wo das Sakaeenfest gefeiert ward; auch hier genossen die Priester hohe Ehren, feierten ihre Feste mit grossem Pomp, und der Ort war voll von Hierodulen.[4)] Den Mithracult dagegen, der sich doch unzweifelhaft auch nach Pontos verbreitet haben wird, finde ich nie erwähnt.

Von der inneren Verwaltung des Reiches wissen wir fast garnichts. Von einer Entwickelung des Städtelebens, welche sonst überall der Hellenismus in so reichem Maasse mit sich brachte, finden wir nichts. Die Bevölkerung des inneren Landes lebte in Dörfern, deren mehrere zu städteartigem Umfang wuchsen, wie Komana und Zela, die aber keine städtische Verfassung hatten. Vierhundert solche Komen zerstörte Murena

---

[1)] Strabo XII 3, 31.   [2)] Strabo XII 3, 14. Vgl. Appian Mithr. 112 fin.   [3)] Appian Mithr. 66. 70. Bei letzterer Gelegenheit opfert er auch dem Poseidon einen mit weissen Pferden bespannten Wagen. Zeus Stratios findet sich auch in Heraklea, Zeus Strategos auf einer Kaisermünze von Amastris (Mionnet IV 31), wobei indess wohl an persischen Einfluss nicht zu denken ist. — Ist vielleicht die figure panthée der Pharnakesmünze ein persischer Gott?   [4)] Strabo XII 3, 37. vgl. XI 8, 4. 14. 16. XV 3, 15.

auf seinem Kriegszuge im J. 81 jenseits des Halys[1]); und bezeichnend ist der Name Chiliokomon, eine Ebene im Gebiet von Amasia.[2]) Dagegen bauten die Könige überall Castelle und königliche Burgen, in denen sie ihre Schätze aufbewahrten und die im Falle eines Angriffs der Landbevölkerung einen Zufluchtsort und dem Heere einen Stützpunct boten. Strabo erwähnt 75 derartige Castelle, die Mithradates VI in Kleinarmenien anlegte[3]); im Gebiet von Amasia lagen überall zerstörte Burgen.[4]) Nördlich von Amasia lagen die steilen Castelle Sagylion und Ikizari[5]); jenseits des Halys Pimolisa[6]), am Iris Gaziura, ein altes Königsschloss[7]), am obern Halys Kamisa[8]), bei Kabira die berühmte Felsenfestung Kainon.[9]) Fünfzehn solche Burgen lieferte Strabos Grossvater dem Lucullus aus.[10]) Die Burgen, welche im Kriege nicht zerstört waren, befahl Pompejus zu schleifen, damit sie nicht Räubern und Prätendenten als Zufluchtsort dienen könnten[11]); von vielen sind noch heute Ruinen sichtbar.[12]) Pompejus legte dann überall im pontischen Reich Städte an, theils indem er den grösseren Komen, wie Kabira, Diospolis (später Neocaesarea), Komana. Zela, Stadtrecht verlieh, theils indem er mehrere Komen zu einer Stadt zusammenzog, wie Nikopolis, Megalopolis (später Sebastia), Neapolis an der Stelle des alten Phazemon[13]), Magnopolis an der Stelle des von Mithradates halbvollendeten Eupatoria[14]), Pompejupolis am Amnias. Die späteren pontischen Könige setzten diese Gründungen weiter fort. Ausser Kabira (Neocaesarea), der Residenz der Pythodoris[15]), und

---

[1]) App. Mithr. 65. Vgl. zu allem Folgenden die vorzüglichen Ausführungen von E. Kuhn, Städtische Vf. d. röm. Reichs II 245 ff.
[2]) Strabo XII 3, 39.   [3]) ib. XII 3, 28.   [4]) ib. 39.   [5]) ib. 38.
[6]) ib. 40.   [7]) ib. 15.   [8]) ib. 37.   [9]) ib. 31.   [10]) ib. 33.
[11]) ib. 38.   [12]) S. Hamilton durchweg und Ritter XVIII 136. 184. 218. 231. 251 u. a.   [13]) Strabo XII 3, 38.   [14]) ib. 30. Appian Mithr. 115.   [15]) Stabo XII 3, 31.

Komana, das wegen seiner religiösen Bedeutung und als Stapel-
platz des armenischen Handels reich bevölkert war[1]), scheint
jedoch keine dieser Städte sich zu grösserer Bedeutung ent-
wickelt zu haben. Nur Sebastia (Siwas) wurde im Mittelalter
eine bedeutende Stadt.

Es scheint nicht, dass die pontischen Könige eine Ahnung
hatten, welche Bedeutung eine derartige Ansiedelung der Landbevölkerung für den Wohlstand ihres Landes haben könne,
wie durch Förderung des Städtelebens zugleich die hellenische
Cultur verbreitet werde. Denn wenn Pharnakes an der Küste
des Pontos Pharnakia gründete und die Bewohner von Kerasus
und Kotyora hierher verpflanzte[2]), so war dies nur Neugründung
einer hellenischen Stadt, die den Namen des Königs der Nachwelt
überliefern sollte. Aehnlich wird es sich auch mit den beiden
Eupatoria des Mithradates VI verhalten, deren eine am Zu-
sammenfluss des Iris und Lykos angelegt und erst von Pompejus unter dem Namen Magnopolis vollendet wurde[3]), während die andere eigentlich nur eine Erweiterung von Amisos
war.[4]) Nach Droysens Vermuthung würde auf denselben
Mithradates auch die Stadt Ladik (nördlich von Amasia, beim
See Stiphane) zurückgehen, deren Existenz im Alterthum als
Laodikea, obwohl von keinem Schriftsteller überliefert, doch,
wie Eckhel bemerkte, durch Münzen einer Laodikea mit pontischen Typen wahrscheinlich gemacht wird.[5])

Nach den Angaben Strabos zu schliessen, der allerdings
80 Jahre nach den mithradatischen Kriegen schrieb, war das
Land überall, wo es möglich war, gut bebaut und wohlbevöl-
kert. Auch den Handel der Seestädte schienen die Könige

---

[1]) Strabo XII 3, 36.   [2]) vgl. Kuhn l. c. 247 f.
[3]) Strabo XII 3, 30. Appian Mithr. 115.   [4]) App. Mithr. 78.
Plin. VI 2, 7. Vgl. Strabo XII 3. 14. Indessen hatte es eigene Mauern:
Memn. 45.   [5]) Droysen, Hellenismus III 2, 263. Eckhel, Doctr. num. II 354.

gefördert zu haben, und als Rhodos im J. 227 durch das berühmte Erdbeben zerstört wurde, und alle Könige und Städte
wetteiferten, den Staat, der bisher das Centrum des Handels
und der Vertreter einer vermittelnden Politik gewesen war,
durch reiche Unterstützungen auf seiner alten Höhe zu erhalten, fehlte auch der pontische König (Mithradates II) unter
den Gebern nicht.[1]) Dass diese Unterstützung vor allem der
merkantilen Bedeutung von Rhodos galt, hat Droysen schön
ausgeführt; die politischen Tendenzen von Rhodos, welches
überall als Vertreter der griechischen Unabhängigkeit auftrat,
und wenige Jahre später (220) Sinope gegen Mithradat ver-
theidigte, konnten gerade den pontischen Königen wenig will-
kommen sein. Der reiche Handel von Amastris, Amisos und
nach seiner Eroberung Sinope — die übrigen griechischen
Hafenorte waren von keiner Bedeutung und haben gewiss
keinen ausgedehnten Handel gehabt — hat unzweifelhaft eine
Hauptquelle der Einnahmen für die Könige gebildet, und es
war ihnen sehr empfindlich, als Eumenes im J. 180[2]), Nikomedes im J. 88 den Bosporos sperrten.[3])

Das Heer der pontischen Könige besteht durchweg aus
Söldnern. Die älteren Könige kämpften, wie wir sahen, mit
gallischen Truppen; Mithradates V liess im J. 122 auf Kreta Truppen anwerben[4]); Mithradates VI Heere bestanden vor allem aus
den Stämmen am Kaukasos und den Anwohnern der Nordküste
des Pontos, aus Skythen und Sarmaten, Thrakern und Bastar-
nen; dazu kamen Griechen, Kappadoker und Galater. Charakteristisch ist, dass er auch wieder, nach asiatischer Manier,
Sichelwagen verwandte.[5]) Die Schöpfung einer grösseren Flotte

---

[1]) Polyb. V 90. Vgl. Droysen, Hellenismus III 2, 178 ff.
[2]) Polyb. XXVII 6, 5. Vgl. u.   [3]) Appian Mithr. 12. 14.
[4]) Strabo X 4, 10.   [5]) Sallust. hist. III 12 Kritz. Appian Mithr. 18.
Plut. Luc. 7. Bei den früheren pontischen Königen finden wir sie
nicht, und sie waren nach Appian den bithynischen Truppen unbekannt.

scheint gleichfalls erst auf ihn zurückzugehen, da dieselbe früher nicht erwähnt wird. Die Feldherren der Könige waren in späterer Zeit durchweg griechische Condottieri.

Der Hof der Könige war dem aller hellenistischen Staaten — mit Ausnahme des pergamenischen — ähnlich, d. h. der Hof eines Sultans mit äusserem hellenischen Anstrich. Wir dürfen annehmen, dass auch hier, wie am Seleukidenhofe, die Verwilderung der Sitten, die Auflösung aller Familienbande, die ununterbrochenen Complotte und Mordthaten von Generation zu Generation zunahmen, bis sie schliesslich unter Mithradates VI einen Höhepunct erreichten, wie ihn selbst die orientalische Geschichte nur selten übertroffen hat.

Königliche Schlösser gab es viele in Pontos, unter denen vor allem Kabira zu nennen ist, wo Mithradates VI seine Gefangenen und einen Theil seiner Schätze aufbewahrte und auch einen Jagdpark hatte.[1]) Die eigentliche Residenz der Könige indessen war bis zur Eroberung Sinopes Amasia am Iris. Die Stadt wird auf der Nordseite durch ein steiles hohes Gebirge begrenzt, das unmittelbar an den Iris hinantritt, und auf dem das mit schönen Mauern befestigte Castell der alten Stadt lag. Hier lag auch das Königsschloss, und unterhalb der Citadelle, in der steilen künstlich geglätteten Felswand über der Stadt, die berühmten Königsgräber. Diese, fünf an der Zahl, sind in den Felsen eingehauene grosse Grabkammern, die von aussen ehemals architectonisch verziert waren; mehrere Stufen führen zu jedem Grabe hinan, ein schmaler in den Felsen gehauener Pfad verbindet sie mit einander. Das fünfte Grab ist nicht vollendet, wesshalb schon Perrot vermuthet, dass dies von Pharnakes begonnen und bei der Eroberung Sinopes nicht vollendet worden sei, da dies jetzt zur Residenz

---

Die Römer hatten sie zuerst in der Schlacht bei Magnesia kennen gelernt (Liv. XXXVII 41, 5 ff. u. a.).

[1]) Strabo XII 3, 30 fin. Plut. Luc. 18.

erhoben und auch die Königsgräber hierher verlegt wurden.[1]) Dies wird um so wahrscheinlicher dadurch, dass nach unserer Wiederherstellung der Königsreihe Pharnakes in der That der fünfte König war.

In der Nähe von Amasia befinden sich noch einige andere Felsengräber ähnlichen Baustils, von denen eines über der Oeffnung die Inschrift *ΓΗΣ ΑΡΧΙΙΕΡΕΥΣ* trägt; die weiter unten stehenden Buchstaben sind leider nicht mehr zu erkennen; A. D. Mordtmann glaubte *ΚΑΥΣΟΣΩΠΟΣ* lesen zu können.[2]) Von einem Cultus der Erdgöttin in Amasia wissen wir sonst nichts; unmöglich wäre es nicht, dass hier keine andere gemeint ist, als die Göttin von Komana, deren Identität mit der phrygischen Göttermutter, die ja eine Erdgöttin war, mir höchst wahrscheinlich ist.

Neuntes Kapitel.

Die römische Oberhoheit. Der Krieg des Pharnakes.

190—179.

Der Versuch Antiochos' III, das Seleukidenreich in seinem vollen Umfange wiederherzustellen, die ihm von Aegypten abgetretenen kleinasiatischen Küsten und das thrakische Reich des Lysimachos wieder zu erobern, führten zum Kriege mit Rom. Antiochos ward völlig besiegt, musste Kleinasien bis an den Tauros und Halys abtreten. Der Consul Cn. Man-

---

[1]) Königsgräber in Sinope: Appian Mithr. 113. Beschreibung von Amasia Hamilton I 339 ff. Ritter XVIII 154 ff. und vor allem Perrot Exploration de la Bithynie cet. Aus Amasia stammt die älteste pontische Inschrift, aus der Zeit des Pharnakes: Perrot mém. d'archéol. cet. pg. 143. [2]) Perrot Explor. pg. 372. Die Abbildung pl. 72.

lius Vulso unternahm es, vor allem auf die Bitten des Eumenes II
(197—157), des treuen Bundesgenossen der Römer, in dem
abgetretenen Gebiete Ruhe und Ordnung zu schaffen. So zog
er erst gegen die pisidischen Staaten und Städte, dann gegen
die Galater. Alle kleinasiatischen Fürsten, ausser Eumenes
Ariarathes III von Kappadokien (221—163), Prusias I von
Bithynien (235—185?), Morzios von Paphlagonien, beeilten sich
ihnen Hülfstruppen zu schicken.[1]) Den grössten Theil des eroberten Landes schenkten die Römer dem Eumenes, dessen
Vater Attalos ja schon früher einmal das ganze seleukidische
Kleinasien besessen hatte. Die pergamenischen Könige sind
fortan die Hauptwahrer der römischen Interessen und die
mächtigsten Fürsten in Kleinasien, wesshalb die bithynischen
Könige von erbittertem Hass gegen sie erfüllt wurden, und
jede Gelegenheit benutzten, um sie bekämpfen oder gegen sie
zu intriguiren, während die Könige Kappadokiens, schon durch
Verschwägerung mit den Pergamenern verbunden, sich eng an
dieselben anschlossen und in ihnen eine Hauptstütze ihrer
Herrschaft gewannen.

Während so mit einem Schlage alle Verhältnisse um-
gestaltet wurden, hielt sich der pontische König zunächst zurück. Er allein schickte den Römern keine Hülfstruppen, er
trat in gar keinen Verkehr mit ihnen, er wird nicht einmal
bei Gelegenheit des Galaterkrieges erwähnt, der ihn doch so
nahe anging. Wohl aber sah er ein, wie gefährlich für seine
Machtstellung die neue Ordnung der Dinge sei. In Pontos
regierte damals Pharnakes, ein äusserst gewaltthätiger Fürst,
dessen einziges Streben darauf ging, sein Reich zu vergrössern.
Dass jede Eroberung zum Kriege gegen die Pergamener, die
Wahrer der neuen Ordnung, und leicht auch zum Kriege mit
Rom führen werde, wusste er wohl: er rüstete daher um so

---

[1]) Liv. XXXVIII 26, 4.

eifriger, und beschloss, seine Gegner durch einen plötzlichen
Angriff zu überraschen.

Der vierjährige Krieg, den Pharnakes gegen die übrigen
kleinasiatischen Fürsten führte (182—179), ist höchst inter-
essant, nicht nur, weil er einen deutlichen Einblick gewährt
in die damaligen politischen Verhältnisse, sondern auch als
Vorspiel zu den Römerkriegen Mithradates' VI. Glücklicher-
weise lässt sich, obwohl ein zusammenhängender Bericht fehlt,
der Verlauf desselben namentlich aus den Fragmenten des
Polybios und Diodor einigermassen herstellen.

Zunächst — und dies ist die erste Nachricht, die wir
wieder über Pontos haben — griff Pharnakes mitten im Frieden Sinope an. Da die Einwohner auf nichts vorbereitet
waren, gelang die Eroberung leicht (Ende 183).[1] Gleichzeitig unternahm er, scheint es, einen Einfall in Kappadokien[2]);
auch mit den galatischen und paphlagonischen Dynasten scheint
er Händel begonnen zu haben. Eumenes trat zu Gunsten
seines Schwagers Ariarathes III auf, und so bildete sich eine
Coalition gegen Pharnakes, bestehend aus Eumenes, Ariarathes,
den paphlagonischen Fürsten Morzios und Gaizatorix (s. o.),
dem Dynasten Karsignatos, wahrscheinlich einem galatischen
Tetrarchen, und mehreren anderen Galaterfürsten.[3] Auf Pharnakes Seite stand der von ihm abhängige Mithradates von
Kleinarmenien[4]), und, wie der Verlauf des Krieges zu ergeben
scheint, ein Theil der Galater. Auch die Rhodier waren entrüstet über die Eroberung Sinopes; aber anstatt zu den Waffen
zu greifen, begnügten sie sich, in Rom Beschwerde zu führen[5]),
und da diese wenig fruchtete, blieben sie neutral: ihre Handels-

---

[1] Strabo XII 3, 11. Die Zeitbestimmung ergibt sich aus der An-
kunft der rhodischen Gesandten in Rom im Frühjahr 182.

[2] vgl. Polyb. fr. inc. 32 Hultsch: ὁ δὲ (Pharnakes?) τούτοις πιστεύων
ἀνεδέχετο τὸν πρὸς Ἀριαράθην πόλεμον.   [3] Polyb. XXV 4, 1. 6.

[4] Polyb. XXVI 6, 11.   [5] Polyb. XXIV 10, 2. Liv. XL 2, 6.

beziehungen zu Pontos waren ihnen zu wichtig und ihre Energie begann zu sinken, seit sie in Abhängigkeit von Rom standen.

Gleich zu Anfang des ersten Kriegsjahres (182) schickten beide Parteien Gesandte nach Rom; denn auch Pharnakes, obwohl er mit Rom in keinen Beziehungen stand, musste sich an den Senat wenden, sobald seine Gegner ihn um Vermittelung und Hülfe baten, damit nicht Rom seine Gegner unterstütze. So sah auch er sich, obwohl er indirect gegen die römische Oberhoheit kämpfte, genöthigt, dieselbe thatsächlich·anzuerkennen. Der Senat antwortete den Gesandten der Könige und den gleichzeitig eingetroffenen rhodischen, er werde eine Commission schicken, welche die Sache an Ort und Stelle untersuchen solle.[1]) — Von den Kriegsereignissen erfahren wir nur, dass Karsignatos und Gaizatorix zu Pharnakes übergingen[2]); er scheint also in Paphlagonien und Galatien mit Erfolg gekämpft zu haben. Als die· römische Gesandtschaft ankam, war Eumenes gern bereit, auf alle Vorschläge einzugehen, aber Pharnakes, der den Krieg wollte, liess sich auf nichts ein. Endlich gelang es, einen Waffenstillstand zu vermitteln; darauf kehrten die Gesandten nach Rom zurück.[3]) Gleichzeitig schickten beide Parteien aufs neue Gesandte an den Senat, die zu Anfang des nächsten Jahres[4]) vorgelassen wurden; der Senat erklärte, er wolle nochmals eine Commission zur Untersuchung und Vermittelung abschicken.[5])

Zweites Kriegsjahr 181.[6]) Gegen Ende des Winters schickte Pharnakes, ohne sich um den Waffenstillstand zu kümmern, den Feldherrn Leokritos mit zehntausend Mann zur

---

[1]) Polyb. XXIV 10, 1 ff. Liv. XL 2, 6.   [2]) Polyb. XXV 4, 6.
[3]) Polyb. XXV 2, 7 und 4, 1.   [4]) nach dem gewöhnlichen Verfahren, die auswärtigen Angelegenheiten nach dem Amtsantritt der neuen Consuln zu berathen; s. Th. Büttner-Wobst, de legationibus reip. liberae temp. Romam missis, Lips. 1876 pg. 24 ff.   [5]) Polyb. XXV 2, 6 ff. Liv. XL 20, 1.   [6]) Polyb. XXV 4 f.

Verwüstung Galatiens aus; er selbst rüstete sich, mit Frühlingsanfang in Kappadokien einzufallen. Eumenes, im höchsten Grade erbittert, sah sich zu ernstlichen Rüstungen genöthigt, und zog nach Galatien. Hier fand er Leokritos nicht mehr; die Anerbietungen des Karsignatos und Gaizatorix, die jetzt wieder zu ihm übertreten wollten, wies er zurück, und vereinigte sein Heer bei Parnassos am Halys mit dem des Ariarathes. Da kam die römische Commission an. Eumenes, nach Frieden begierig, empfing sie mit allen Ehren, stellte auf ihren Wunsch die Feindseligkeiten ein und kehrte nach Pergamon zurück. Die Gesandten gingen zum Pharnakes, suchten ihn zunächst zu einer Zusammenkunft mit Eumenes und da er diese entschieden abschlug, zur Absendung von Bevollmächtigten zu bewegen. Endlich willigte er ein und es kam zu Friedensverhandlungen in Pergamon unter Vorsitz der Römer. Als indessen Pharnakes' Gesandte fortwährend Ausflüchte machten und deutlich zeigten, dass sie instruirt waren, die Verhandlungen zu keinem Resultate kommen zu lassen, brachen die Römer dieselben endlich ab und kehrten nach Rom zurück. Eumenes musste seine Rüstungen wieder aufnehmen; er wurde zu gleicher Zeit durch die den Rhodiern versprochene Hülfe gegen die aufständischen Lykier in Anspruch genommen.

In dasselbe Jahr gehören noch einige andere fragmentarische Ueberlieferungen. In den Excerpten aus Diodor[1]) heisst es:

„Leokritos, der Feldherr des Pharnakes, belagerte Tios (früher Tieon), und zwang durch fortwährende Stürme die Söldner zur Capitulation; sie sollten die Stadt übergeben, dagegen freien Abzug erhalten. Als nun dem Vertrage gemäss die Söldner die Stadt verliessen, griff Leokritos, der von Pharnakes den Auftrag hatte sie alle zu tödten, weil sie ihm

---

[1]) Diod. XXIX 23 Dind.

früher Schaden zugefügt hatten (τῶν μισθοφόρων ἐν τοῖς
ἐπάνω χρόνοις ἠδικηκότων τὸν Φαρνάκην), dieselben auf
dem Marsche an und machte sie sämmtlich nieder."
Völlig erklären lässt sich diese Angabe nicht. Tieon war
seit ca. 195 bithynisch, und wir finden auch später Prusias
wirklich unter den kriegführenden Mächten.[1]) Wie wurde er
aber in den Krieg verwickelt? Es ist höchst auffallend ihn
auf Eumenes Seite zu finden, da er oder sein Vater[2]) kurz
vorher (im Jahre 185/4) gegen den pergamenischen König
Krieg geführt hatte[3]), da er später (156—154) mit der äussersten Erbitterung gegen ihn kämpfte und sein ganzes Leben
lang ihn zu schwächen und zu verläumden suchte. Man könnte
annehmen, dass die von Pharnakes angegriffenen Söldner auf
bithynisches Gebiet übergetreten seien, Pharnakes sie auch
hier verfolgte, und deshalb Prusias gegen ihn auftrat. Was
die Söldner gegen Pharnakes begangen hatten, wissen wir

---

[1]) Polyb. XXVI 6, 3. 7.

[2]) Wann Prusias I der Lahme (Sohn des Ziaëlas nach Steph. Byz.
s. v. Προῦσα) gestorben ist, wissen wir nicht. Sein Krieg gegen Heraklea, bei dem er Tieon und Kieros eroberte (Memnon cp. 27) fällt nach
cp. 28 einige Jahre vor den Uebergang der Römer nach Asien, also
zwischen 200 und 195. Danach lebt er noch ἔτη οὐ πολλά. Mithin
kann er schon um 190 gestorben sein, und der zur Zeit des Krieges
mit Antiochos erwähnte Prusias, der später Hannibal aufnahm, wäre
schon Prusias II ὁ Κυνηγός. Dieser wird mit Sicherheit zuerst genannt
um 175, als Perseus ihm seine Schwester vermählte (Appian Mithr. 2).
Nach der gewöhnlichen Ansicht hat Prusias I Hannibal aufgenommen,
ist um 185 gestorben, und Prusias II hätte dann Hannibal den Römern
verrathen. In unserer allerdings sehr fragmentarischen Nachricht über
Hannibals letzte Jahre ist aber von einem Thronwechsel in Bithynien
nirgends die Rede.

[3]) Die sehr fragmentarischen Nachrichten über diesen Krieg finden sich Polyb. III 3, 6. XXIII 18, 8. XXIV 1, 4. 3, 1. Liv. XXXIX
46, 9. 51, 1. Trog. prol. 32. Justin 32, 4. Corn. Nep. Hann. 10 f.
Ueber Ursache und Ausgang des Krieges erfahren wir garnichts. Nach
Polyb. XXIII 18, 8 muss 184 Friede geschlossen sein.

nicht. — Jedenfalls fällt die Einnahme von Ticon ins Jahr 181;
denn sie steht in den exc. de virt. et virt. vor der Ermordung
des Demetrios von Makedonien (181) und den Feldzügen des
Gracchus in Spanien (180). Früher kann sie auch nicht an-
gesetzt werden, da Prusias' Theilnahme am Kriege und das
Verbrechen des Pharnakes in dem ausführlichen Fragment des
Polybios XXV 4 f. nicht erwähnt wird.

Aus demselben Grunde ist auch das unmittelbar folgende
Fragment Diodors in dasselbe Jahr zu setzen; es lautet:

„Seleukos (IV Philopator 187—176) rückte mit einem
ansehnlichen Heere aus, um den Tauros zu überschreiten und
Pharnakes zu Hülfe zu kommen; da er sich aber des von
seinem Vater (Antiochos III) mit den Römern geschlossenen
Vertrages erinnerte, demgemäss es ihm nicht erlaubt war ..."
zu ergänzen ist natürlich: „mit einem Heere über den Tauros
zu ziehen, so kehrte er wieder um."

Seleukos IV war einer der schwächsten unter den syrischen Königen[1]); es ist bezeichnend, dass diese Begebenheit
die einzige ist, die aus seiner Regierung überliefert wird. Unzweifelhaft haben bei der plötzlichen Auffrischung seines Ge-
dächtnisses die Vorstellungen und Drohungen der Römer die
Hauptsache gethan; man sieht aber, zu welchen Folgen der
Krieg hätte führen können, wenn damals ein Mann auf dem
Throne der Seleukiden sass.

Für Eumenes, der erkrankt war, führte sein Bruder Attalos
die pergamenischen Truppen, wie es scheint nicht ohne Erfolg.
Am Ende des Jahres ward wieder ein Waffenstillstand geschlossen. Dann schickte Eumenes seine drei Brüder, Attalos,
Philetaeros und Athenaeos, nach Rom, um abermals die Vermittelung des Senats anzurufen, und der Senat beschloss,
nochmals eine Gesandtschaft abzuschicken.[2]) Ueber dieselbe

---

[1]) Appian Syr. 66.   [2]) Polyb. XXV 6. Diod. XXIX 22.

erfahren wir weiter nichts; jedenfalls hat auch sie nichts aus-
gerichtet.

Aus dem dritten Kriegsjahre 180 haben wir keine
directen Nachrichten; das vierte 179 brachte endlich die
Entscheidung. Vorher wollen wir noch die chronologisch nicht
genau zu fixirenden Nachrichten über den Krieg zusammen-
stellen.

Pharnakes' Kriegsführung bestand nach ächt asiatischer
Weise vor allem in Verwüstung und Plünderung.[1]) Aus Paphlagonien schleppte er einen grossen Theil der Einwohner fort,
bemächtigte sich auch der Schätze des Morzios und Ariarath.
Ueberhaupt war seine Kriegsführung, wie es scheint, nicht
ohne Erfolg: Tieon und Theile Paphlagoniens hielt er bis zum
Ende des Krieges besetzt. Mithradates von Kleinarmenien
wurde von Eumenes zu einem Vertrage gezwungen, in dem er
sich verpflichtete, Kappadokien nicht ferner anzugreifen; er
brach denselben jedoch bald wieder.

Die Bedeutung und weite Ausdehnung des Krieges geht
aus folgender Stelle des Friedensvertrages hervor:

„In den Vertrag mit eingeschlossen wurden von den asiatischen Fürsten Artaxias, König von Grossarmenien, und Aku-
silochos[2]); von den europäischen Gatalos der Sarmate; von
den Republiken Heraklea, Mesembria, Chersonesos und Kyzikos.‟

Also ganz Vorderasien wurde in den Krieg verwickelt,
leider wissen wir nicht in welcher Weise. Sehr auffallend ist
die Erwähnung des Sarmatenfürsten Gatalos und der Republiken Chersonesos (Sewastopol) und Mesembria (an der thra-
kischen Küste des Pontos), die doch vom Kriegsschauplatze

---

[1]) Polyb. XXVI 6.   [2]) Wohin dieser gehört, wissen wir nicht.
Jedenfalls ist er einer von den in Kleinasien so häufig (z. B. Polyb. V 90)
ohne nähere Angaben genannten Dynasten; möglicherweise gehört er
nach Kibyra. — Auffallend ist, dass Sophene nicht erwähnt wird, wo
doch gewiss noch Zariadris herrschte.

weit entfernt lagen. Möglicherweise hängt hiermit zusammen die Angabe, Eumenes habe zur Zeit des Krieges mit Pharnakes den Hellespont gesperrt, um allen Handelsverkehr mit Pontos zu hindern, die Rhodier aber, deren Handelsinteressen dies nicht duldeten, hätten ihn gezwungen, die Sperre aufzuheben.[1]) Es genügte indessen nicht, den Verkehr zwischen Pontos und dem ägäischen Meere zu hindern; und desshalb mag Eumenes mit den wichtigsten Hafenplätzen des Pontos, sowie mit Kyzikos, in Verbindung getreten sein. Namentlich die Zufuhr aus Chersonesos musste für Pontos sehr wichtig sein; war doch die taurische Chersones die Kornkammer früher Athens und später Mithradates' VI.[2]) Den Sarmaten Gatalos aber möchte ich für einen taurischen Fürsten halten, einen Vorfahren des Skiluros, der funfzig Jahre später Chersonesos aufs Aeusserste bedrängte.[3]) — Die Sperrung des Hellespont fällt wahrscheinlich ins Jahr 180, da Eumenes im Jahre 181 noch die Rhodier unterstützte, während später die Beziehungen zwischen beiden Staaten sehr kühl wurden.[4])

Im Jahre 179 entschlossen sich die Verbündeten endlich zu einem kräftigeren Vorgehen.[5]) Sie unternahmen einen energischen Angriff ($\dot{\epsilon}\xi\alpha\pi\iota\nu\alpha\tilde{\iota}o\varsigma$ $\varkappa\alpha\grave{\iota}$ $\beta\alpha\varrho\epsilon\tilde{\iota}\alpha$ $\ddot{\epsilon}\varphi o\delta o\varsigma$), dem Pharnakes nicht widerstehen konnte. So schickte er Gesandte und bat um Frieden, der denn auch bald zu Stande kam. Der Auszug des Friedenstractates, den Polybios mittheilt, lautet folgendermassen:

„Es soll ewiger Friede herrschen zwischen Eumenes, Prusias, Ariarathes einerseits und Pharnakes und Mithradates andererseits. Galatien soll Pharnakes auf keinerlei Weise be-

---

[1]) Polyb. XXVII 6, 5.
[2]) Strabo VII 4, 6.
[3]) Strabo VII 4, 3.
[4]) Polyb. XXV 5, 13. XXVII 6, 5 f.
[5]) Polyb. XXVI 6.

treten, die Verträge, die früher zwischen Pharnakes und den
Galatern bestanden haben, sollen ungültig sein. In gleicher
Weise soll er Paphlagonien räumen, nachdem er die Einwohner, welche er früher daraus weggeschleppt hat, zurückgeführt
hat, und mit ihnen die Waffen, Geschosse und das übrige
Kriegsmaterial. Er soll auch dem Ariarathes alle Burgen
($\chi\omega\varrho\iota\alpha$), welche er erobert hat, in ihrem früheren Zustande
zurückgeben, und auch die Geisseln (von diesen wissen wir
nichts). Auch Tieon am Pontos soll er zurückgeben. Die
Gefangenen soll er ohne Lösegeld herausgeben und alle Ueber-
läufer ausliefern; ausserdem als Ersatz für das Geld und den
Schatz ($\tau\tilde{\omega}\nu$ $\chi\varrho\eta\mu\acute{\alpha}\tau\omega\nu$ $\varkappa\alpha\grave{\iota}$ $\tau\tilde{\eta}\varsigma$ $\gamma\acute{\alpha}\zeta\eta\varsigma$), welchen er dem Morzios und Ariarathes geraubt hat, diesen Königen 900 Talente
zahlen, sowie dem Eumenes 300 Talente Kriegskosten. Mithradates, der Satrap von Armenien, hatte 300 Talente zu zahlen,
weil er gegen den mit Eumenes geschlossenen Vertrag gegen
Ariarathes Krieg geführt hatte." Dann folgt die schon besprochene Angabe über die miteingeschlossenen Fürsten und
Städte, und schliesslich die Bestimmungen über die Geisseln,
welche Pharnakes zu stellen hatte. Nachdem diese gestellt
waren, verliessen die Verbündeten den Kriegsschauplatz. Tieon
gab Eumenes bald darauf dem Prusias zurück.

So endete dieser Krieg, der nur desshalb nicht zu einem
Kampfe gegen Rom wurde, weil dies fest entschlossen war,
seine Machtsphäre im Osten nicht noch weiter auszudehnen,
und nur im äussersten Nothfalle hier mit bewaffneter Macht
aufzutreten. Auch waren die einheimischen Fürsten noch im
Stande, selbstständig ihre Interessen zu vertreten; charakteristisch ist, dass Eumenes, als im J. 181 die römische Gesandtschaft eintraf, „die Stärke seiner Truppen verdoppelte und sie
glänzend ausrüstete ($\delta\iota\varepsilon\varkappa\acute{o}\sigma\mu\varepsilon\iota$ $\varphi\iota\lambda o\tau\acute{\iota}\mu\omega\varsigma$), nicht nur um des
wirklichen Bedürfnisses willen, sondern auch, um den Römern
zu zeigen, dass seine eigene Macht genüge, um Pharnakes

abzuwehren und zu besiegen."[1]) Andererseits aber zeigt sich auch hier deutlich, wie die Verhältnisse den Römern die Weltherrschaft aufzwangen. Wenn ein Fürst, dessen Reich nominell ganz ausserhalb ihrer Machtsphäre lag, und der auch an nichts weniger dachte, als eine fremde Oberhoheit anzuerkennen, doch sich veranlasst sah, sich unaufgefordert wegen seiner Handlungen vor dem Senate zu verantworten, wenn fortwährend ihre Vermittelung angerufen wird, so kam es eben nur auf ihren Willen oder den Zufall an, um die thatsächliche Herrschaft auch in eine nominelle zu verwandeln. Die pontischen Herrscher ertrugen diesen Zustand, so lange es ihnen möglich war, ihr éines Ziel, die Vergrösserung ihrer Herrschaft, zu verfolgen, ohne dabei direct von Rom gehindert zu werden. Erst als die Römer auch ihnen gegenüber offen als Herren auftraten und ihnen nicht nur die Eroberung, sondern sogar die Vertheidigung verboten, begann der Krieg.

Das Hauptziel der Verbündeten war die Schwächung der pontischen Macht gewesen. Desshalb wird in dem Friedensvertrage die Aufhebung der Verträge mit Galatien so stark betont. Dagegen blieb der Umfang des pontischen Reiches ungeschmälert, wenn nicht unter dem ἐκχωρεῖν Παφλαγονίας die Abtretung des südlich vom Olgassys liegenden Paphlagoniens zu verstehen ist.[2]) Sogar Sinope behielt Pharnakes. Den verbündeten Königen mochte an der Freiheit der Stadt wenig gelegen sein; auch würde Pharnakes sie wohl schwerlich ohne weiteren Kampf herausgegeben haben. Sinope wurde jetzt die Residenz der Könige, und namentlich von Mithradates VI hoch geehrt. Dass auch die Königsgräber hierher verlegt wurden, ward schon erwähnt.[3])

---

[1]) Polyb. XXV 4, 11.   [2]) vgl. pg. 57; vielleicht vereinigte Morzios jetzt ganz Paphlagonien, da der von Eumenes als Verräther abgewiesene Gaizatorix (Pol. XXV 4, 6 f.) wohl schwerlich im Besitze seines Gebietes geblieben ist.   [3]) Strabo X 4, 10. XII 3, 11. Diod. XIV 31, 2. Appian Mithr. 113. Memn. 36.

Zehntes Kapitel.
Bis auf Mithradates VI.
179—121.

Pharnakes scheint im Osten seines Reiches Eroberungen gemacht zu haben, wenigstens deutet die schon besprochene Gründung von Pharnakia darauf hin. Erwähnt wird er nur noch in einem aus dem Winter 170/69 stammenden Fragmente des Polybios: Φαρνάκης πάντων τῶν πρὸ τοῦ βασιλέων ἐγένετο παρανομώτατος[1]), das wahrscheinlich einer bei Gelegenheit seines Todes gegebenen Charakteristik entnommen ist.[2]) Ihm folgte, wie wir schon gesehen haben, Mithradates IV φιλοπάτωρ καὶ φιλάδελφος, diesem Mithradates V Euergetes, der jedenfalls schon zur Zeit des dritten punischen Krieges regierte.

Die Politik dieser Könige scheint gemässigter gewesen zu sein. Als Prusias II nach lange verhaltenem Groll das pergamenische Reich angriff (156) und nach Besiegung Attalos II (reg. 157—138) auf das Frevelhafteste verwüstete und plünderte[3]), sandte ausser Ariarathes (IV) auch Mithrádates dem Attalos Unterstützung.[4])

---

[1]) Polyb. XXVII 15, 1.

[2]) Früher glaubte man in einer allerdings ganz unverständlichen Stelle der dem Trogus entlehnten Rede des M. VI, Justin. 38, 6, 2: sic et avum suum Pharnacem per cognationum arbitria succedaneum regi pergameno Eumeni datum eine Andeutung zu finden, dass Pharnakes nach Eumenes II Tode 157 mit Erbansprüchen auf das pergamenische Reich hervorgetreten sei. Jeep hat jedoch aus Hdschr. die richtige Lesart hergestellt: sic et avum suum Pharnacem per cognitionum arbitria succidaneum regi p. E. datum nämlich a Romanis. Mithr. spricht also von der Einmischung der Römer in den pharnakischen Krieg.

[3]) Ueber diesen Krieg s. Polyb. III 5, 2. XXXII 25 f. XXXIII 1. 6. 10 f. Diod. XXXI 35. Trog. prol. 34. Appian Mithr. 3. Steph. Byz. s. v. Βοὸς Κεφαλαί.   [4]) Polyb. XXXIII 10, 1.

Mithradates V erkannte das Abhängigkeitsverhältniss von
Rom auch officiell an, indem er sich unter die socii et amici
populi Romani aufnehmen liess[1]); natürlich wird auch er es
an den dabei üblichen Geschenken nicht haben fehlen lassen.
Er war dadurch verpflichtet, den Römern bei ihren Kriegen
auf Verlangen Zuzug zu leisten; und so schickte er einige
Schiffe im dritten punischen Kriege[2]), und Landtruppen im
Kriege gegen Aristonikos, den pergamenischen Prätendenten
(133—129). Ebenso schickten hier Ariarathes von Kappadokien, Nikomedes (II 147—92) von Bithynien, Pylaemenes
von Paphlagonien Hülfstruppen.[3]) Der schliessliche Ordner
der asiatischen Verhältnisse M' Aquillius cos. 129 schenkte den
Söhnen des im Kriege gefallenen Ariarathes Lykaonien, und
bot Grossphrygien dem bithynischen und dem pontischen
Könige feil. Mithradates erstand es; er konnte sich officiell
auf die Schenkung Seleukos' II berufen. Indessen als später
über die Bestätigung in Rom verhandelt wurde und beide
Könige auch hier alle Mittel der Bestechung anwandten, brachte
G. Gracchus die Sache vor die Concilien und legte den Handel
so offen dar, dass die Schenkung zurückgenommen wurde (121).
Damals regierte in Pontos schon Mithradates VI.

Dass Mithradates V Grossphrygien in Anspruch nahm
und erhielt, erklärt sich nur, wenn er die Schutzherrschaft
über Paphlagonien und Galatien wiedergewonnen hatte, da
sonst alle Verbindung zwischen Pontos und dem neuerworbe-
nen Lande fehlte.[4]) Es spricht hierfür auch der geringe
Widerstand, den Mithradates VI fand, als er Galatien seiner
Herrschaft vollständig unterwarf.

---

[1]) Appian Mithr. 10. 12. 14. 16.   [2]) Appian Mithr. 10.
[3]) Eutrop. IV 20. Justin XXXVII 1, 2. Oros. V 12, der M. fälschlich Ponti et Armeniae (rex) nennt. — Ueber Grossphrygien ferner
Justin XXXVIII 4—7. Appian Mithr. 12. 57. Gellius XI 10 u. a.
[4]) Vgl. Mommsen, Röm. Gesch. II cp. 1 p. 55 der 6. Aufl.

In den nächsten Jahren benutzte Mithradates die in
Kappadokien ausgebrochenen Wirren zu einem Einfall in das-
selbe [1]); auch schickte er den Feldherrn Dorylaos, seinen
„Freund“, nach Thrakien, Griechenland und Kreta, um Trup-
pen anzuwerben.[2]) Dieser benutzte einen gerade zwischen
Knossos und Gortyna ausgebrochenen Krieg, um jenen zum
Siege zu verhelfen. Kurze Zeit darauf wurde Mithradates in
Sinope von seinen Freunden ermordet.[3]) Er hinterliess das
Reich seiner Gemalin und zwei unmündigen Söhnen, von denen
der ältere als Mithradates VI später den Thron bestieg.

Das Todesjahr Mithradates V und die Lebensdauer seines
Sohnes sind nicht genau überliefert. Am zuverlässigsten scheint
Appian zu sein, der von Mithradates VI angibt: ἐβίω δ᾽
ὀκτὼ ἢ ἐννέα καὶ ἐννενήκοντα ἐπὶ τοῖς ἑξήκοντα ἔτεσι· καὶ
τούτων ἑπτὰ καὶ πεντήκοντα ἔτεσιν ἐβασίλευσε.[4]) Da er
nun 63 v. Chr. starb, wäre er hiernach im J. 120 zur Regierung gekommen und 132 oder 131 geboren. Nach der gewiss
zuverlässigen Angabe Strabos war er bei seines Vaters Ermordung 11 Jahre alt.[5]) Die übrigen Angaben sind danach
zu berichtigen.[6]) Dass Mithradates VI spätestens 121/0 zur
Regierung gekommen sein muss, geht daraus hervor, dass er

---

[1]) Appian Mithr. 10.   [2]) Strabo X 4, 10.
[3]) Strabo l. c. Vgl. Justin XXXVII 1 Mithridates quoque repen-
tine morte interceptus.
[4]) Appian Mithr. 112.   [5]) Strabo X 4, 10.
[6]) Memnon 30 lässt ihn im dreizehnten Jahre zur Regierung kommen.
Plinius XXV 3, 6 gibt nach Lenaeus seine Regierungsdauer ziemlich richtig
auf 56 Jahre an. Dagegen ist die aus Livius stammende Angabe Eutrops
VI 12: regnavit annis sexaginta, vixit septuaginta duobus (auch Oros.
VI 5 gibt ihm ein Alter von 72 Jahren), contra Romanos bellum habuit
annis quadraginta, wie schon die letzte Behauptung zeigt (vgl. Oros. VI 1),
oberflächlich. Livius setzte die Regierungsdauer in runder Summe auf
60 Jahre an und rechnete 12 J. hinzu für die Zeit vor der Thronbesteigung. — Justin XXXVIII 8, 1 hat M. post annos tres et viginti sumti
regni in Romana bella descendit im J. 88; es sollte tres et triginta heissen.

sich wiederholt darüber beklagt, die Römer hätten ihm während seiner Unmündigkeit Grossphrygien entrissen[1]); und dies war auf G. Gracchus Antrag geschehen.

Elftes Kapitel.

Mithradates' VI Jugend und Eroberungskriege.
120—90.

Schon früh ist die Jugendgeschichte des grossen Mithradates sagenhaft ausgeschmückt worden. Im Jahre seiner Geburt wie im Jahre seiner Thronbesteigung erschienen ungeheure Kometen, um seine Grösse zu verkünden. Als Kind trachteten ihm seine Vormünder nach dem Leben, setzten ihn auf ein wildes Pferd, hiessen ihn reiten und fechten, und als er wider Erwarten das Ross bändigte, suchten sie ihn durch Gift aus dem Leben zu schaffen. Doch er nahm Gegengifte und gewöhnte seinen Körper so an Gift, dass ihm dies nichts mehr schadete. Fürchtend, man werde ihn jetzt mit Gewalt umzubringen suchen, zog er sich in die Wälder und Gebirge seines Reiches zurück und lebte hier sieben Jahre auf der Jagd, ohne je eine Stadt oder auch nur eine Hütte zu betreten; niemand wusste, wo er sich aufhielt. So gewöhnte er sich an das Ertragen aller Mühsale und Gefahren, bis er, zum Manne gereift, die Regierung in die Hand nahm.[2])

Die Uebertreibungen dieses Berichtes liegen auf der Hand. Aus anderen Quellen erfahren wir, dass Mithradates V seine Gemalin zur Mitregentin oder wohl eher zur Regentin während der Unmündigkeit ihres Sohnes bestimmt hatte. Diese

---

[1]) z. B. Appian Mithr. 13. 57. Justin XXXVIII 5: cum (Romani) sibi pupillo Phrygiam ademerint.   [2]) Justin XXXVII 2. vgl. Plin. XXV 3, 6 und Gellius XVII 16 aus Lenaeus.

indessen, die vielleicht schon an der Ermordung ihres Gemals betheiligt gewesen war, scheint, wohl aus Herrschsucht wie kurz vorher in Kappadokien Laodike (oder Nysa), in Syrien Kleopatra[1]), ihren jüngeren Sohn begünstigt und dem älteren nach dem Leben getrachtet zu haben. Um ihren Nachstellungen zu entgehen, mag Mithradates allerdings lange Zeit ein unstetes Leben geführt haben, obwohl Justins sieben Jahre jedenfalls sagenhaft sind. Plötzlich erschien er dann in der Hauptstadt[2]), bemächtigte sich seiner Mutter und warf sie ins Gefängniss, schaffte seinen Bruder bei Seite, und übernahm, fast noch ein Knabe, selbst die Regierung (um 115). Seine Mutter verkam im Gefängniss; wie es heisst, war sie von ihrem Sohne vergiftet.[3])

In Mithradates VI haben die charakteristischen Eigenschaften seines Geschlechtes ihren vollendetsten Ausdruck gefunden. An Energie und Beharrlichkeit, an Herrschsucht und Ländergier übertraf er alle seine Vorgänger eben so sehr, wie an rücksichtsloser Grausamkeit und unbegrenztem Misstrauen gegen seine Nächsten. Seine Leidenschaften zu beherrschen hat er nie versucht; seiner Sinnlichkeit, seinem Hasse liess er bei jeder Gelegenheit freien Lauf. Wer ihm im Wege stand, musste fallen, und sei es auch nur ein sardischer Bürger, der bessere Rennpferde gezüchtet hatte als er.[4]) Jeder Verdachtsgrund genügte, um das Leben seiner nächsten Vertrauten, ja seiner Kinder zu gefährden; und wen er hasste, dem war, wenn er in seine Hände fiel, der martervollste Tod gewiss. Manchmal übte er Gerechtigkeit; so liess er die persönlichen

---

[1]) Ueber Laodike-Nysa s. d. Anhang. Kleopatra: Appian. Syr. 68 f.

[2]) Daher bei Trog. prol. 37: ut ille (M.) ingressus regnum cet., Sallust. hist. II fr. 54 Kritz: M. extrema pueritia regnum ingressus matre veneno interfecta.

[3]) Strabo X 4, 10. Memnon 30. Sallust. hist. II 54 f. Appian Mithr. 112.   [4]) Plutarch Pomp. 37.

Freunde und Diener seines rebellischen Sohnes Machares un-
bestraft [1]); dagegen tödtete er seinen Sohn Xiphares, weil
dessen Mutter dem Pompejus eine Festung verrathen hatte. [2])
Bekannt ist, wie alle seine Weiber und Töchter in Kabira
und Pantikapaeon sterben mussten, damit sie dem Feinde nicht
als Trophäe in die Hände fielen. Charakteristisch ist auch,
dass er den Vater einer neuen Geliebten, einen armen Zither-
spieler, mit dem Geschenke der Wohnung und Habe eines
eben verstorbenen Reichen überraschte, ein Zug, der an die
Geschichten von Harun al Raschid erinnert. [3]) Unbegabt war
der König nicht, dafür zeugt der Umstand, dass er mit allen
seinen Unterthanen in ihrer eigenen Sprache reden konnte. [4])
Aber als es galt, nach Verdrängung der Römer aus Asien
nun auch der neuen Stellung entsprechend zu handeln, die
Führung des Nationalkampfes gegen die Römer zu übernehmen und überhaupt die Verhältnisse grossartig aufzufassen,
da war der König rathlos, liess Jahre ungenützt verstreichen,
und hat fast mehr zum Siege der Römer beigetragen, als
diese selber. Ihm fehlte alle wahre Bildung, alle Fähigkeit,
ein complicirteres staatliches Leben zu erfassen und zu organi-
siren; er kannte weiter nichts als Geld erpressen, Heere sam-
meln, und wirkliche oder angebliche Verschwörungen bestrafen.
Aeusserlich war er hellenisch gebildet und mit Jubel empfin-
gen ihn die Griechenstädte am Bosporos wie in Kleinasien;
aber nur zu bald folgte die bitterste Enttäuschung, und man
erkannte, dass das drückende Joch der Römer besser sei, als
die Herrschaft des hellenisirten Barbaren.

Mithradates ist nicht in dem Sinne ein Römerfeind gewesen, wie Hannibal, der die Römer, die Erbfeinde seiner

---

[1]) Appian Mithr. 102.   [2]) Appian Mithr. 107.   [3]) Plut. Pomp. 36.
[4]) Valer. Max. VIII 7 ext. 16 = Plin. VII 24, 88; ders. XXV 3, 6 und
Gellius XVII 17 aus Lenaeus. Er soll in zweiundzwanzig Sprachen haben
sprechen können; Aurel. Vict. vir ill. 76 nennt funfzig Sprachen.

Nation, mit ganzer Seele hasste und nur das Eine Ziel kannte, sie zu bekämpfen; Mithradates Seele war nur von Herrschsucht und Ländergier erfüllt, und nur weil die Römer ihm hier hindernd in den Weg traten, hasste er sie. Er konnte es nie vergessen, dass sie ihm, als er noch unmündig war, Grossphrygien entrissen hatten. Aber doch suchte er sich mit ihnen zu stellen; er mochte wissen, dass es zum Kriege mit ihnen kommen musste, aber er suchte ihn hinauszuschieben, er gehorchte den Befehlen der Römer, sobald diese energisch auftraten. Erst als sie unbedingte Unterwerfung verlangten, begann er den Krieg.

Es ist nicht meine Absicht, eine Darstellung dieser Kämpfe zu geben, zumal da sie von Mommsen in so vorzüglicher Weise dargestellt sind, dass ich nur wenig hinzuzufügen hätte. Nur die Eroberungskriege Mithradats will ich hier noch behandeln, da hier manche Puncte noch der Aufklärung bedürfen, obwohl auch hier Mommsens Darstellung in den meisten wesentlichen Dingen unzweifelhaft das Richtige trifft. —

Gleich nach Uebernahme der Regierung rüstete Mithradates zu einem Kriegszuge nach Osten. Den König von Kleinarmenien, Antipater, den Sohn des Sisis, einen Nachkommen des Mithradates der zur Zeit des Pharnakes regierte, veranlasste er ihm sein Reich abzutreten, welches das rechte Euphratufer, das obere Lykosthal — das von Pompejus gegründete Nikopolis lag in Kleinarmenien — und einen grossen Theil des Gebietes der Chalyber und Tibarener bis nach Pharnakia und Trapezus umfasste.[1]) Dann griff er die Kolcher an. Strabo sagt hierüber: „Nach den mythischen Zeiten herrschten

---

[1]) Strabo XII 3, 28. Dass Kleinarmenien schon vor dem grossen Römerkriege zu Mithradates Reich gehörte, ergibt sich aus Eutrop. V 5. Appian Mithr. 17. Justin (Trogus) XXXVIII 7, 2, wo unter den M. unterworfenen Ländern allerdings übertrieben Armenia maior minorque genannt wird.

in Kolchis Könige ohne grössere Macht ($\mu\acute{\epsilon}\sigma\omega\varsigma\ \mathring{\epsilon}\pi\rho\alpha\tau\tau o\nu$),
unter denen das Land in Fürstenthümer ($\sigma\varkappa\eta\pi\tau o\upsilon\chi\acute{\iota}\alpha\iota$) getheilt war; als aber Mithradates Eupator zur Macht gelangt
war, fiel ihm auch Kolchis zu."[1]) Von einem dieser Fürsten,
Saulakes, der nach Plinius ein Sohn des Aeetes[2]) und durch
seine Gold- und Silberschätze berühmt war, besitzen wir noch
eine Münze.[3]) Von der Unterwerfung der Kolcher sagt auch
Memnon: „er unterwarf auch die Könige am Phasis bis in die
Gegenden jenseits des Kaukasos."[4]) Wie weit sich indessen
hier sein Gebiet erstreckte, wissen wir nicht. Gegen die nördlich von Kolchis in den Abhängen des Kaukasos sitzenden
Achaeer kämpfte er um 80 v. Chr. und verlor hier zwei Drittel
seines Heeres.[5]) Wenn Achaeer und Heniocher — nördlich
von den Achaeern an der Küste des schwarzen Meeres —
unter seinen Truppen erscheinen[6]), so beweist das keineswegs,
dass sie unterworfen waren.

Kleinarmenien wurde eng mit dem pontischen Reiche verbunden; es ist bekannt, wie Mithradates hier, namentlich in
den wilden Gebirgsgegenden des Paryadres und Skydises, fünf-
undsiebenzig Burgen anlegte, in denen er meistens einen Theil
seiner Schätze niederlegte.[7]) Kolchis dagegen, das wegen

---

[1]) Strabo XI 2, 18. Vgl. XII 3, 28.   [2]) Ein Sohn des Königs
Aeetes am Phasis auch Xen. Anab. V 6, 37.   [3]) Plin. XXXIII 15, 52.
v. Sallet, Ztschr. f. Num. III pg. 58 und v. Gutschmid ib. pg. 150 ff.
[4]) Memnon 30. Ferner Appian Mithr. 15 $\pi\rho o\sigma\varkappa\acute{\epsilon}\varkappa\tau\eta\tau\alpha\iota\ \delta\grave{\epsilon}\ \pi o\lambda\lambda\grave{\alpha}$
$\pi\epsilon\rho\acute{\iota}\chi\omega\rho\alpha,\ \varkappa\alpha\grave{\iota}\ K\acute{o}\lambda\chi o\upsilon\varsigma\ \mathring{\epsilon}\vartheta\nu o\varsigma\ \mathring{\alpha}\rho\epsilon\iota\mu\alpha\nu\acute{\epsilon}\varsigma.$ — Justin XXXVIII 7, 10, wo
Mithradat behauptet, quod solus regum omnium non paterna solum,
verum etiam externa regna hereditatibus propter munificentiam acqui-
sita possideat, Colchos, Paphlagoniam, Bosporum; es scheint also, dass
er Kolchis auf friedlichem Wege gewann. Daher Trog. prol. 37 dictae-
que in excessu regum Bosporanorum et Colchorum origines et res gestae.
Mit Unrecht hat v. Gutschmid, Jahrbb. f. cl. Philol. 1856, 2. Suppl.-Bd.
pg. 189 die Unterwerfung von Kolchis durch Mithradates bezweifelt und
an die nur bei Xenophon (und Arrian) erwähnten Kolcher bei Trapezus
gedacht.   [5]) Appian Mithr. 67.   [6]) ib. 69.   [7]) Strabo XII 3, 28.

seines Reichthums an Schiffsbauholz für den König vor allem
wichtig war, wurde durch einen seiner „Freunde" verwaltet.
Während des ersten Römerkrieges empörten sich die Kolcher,
versprachen aber, sich freiwillig wieder zu unterwerfen, wenn
Mithradates ihnen seinen gleichnamigen Sohn zum König gebe.
Mithradat willigte ein; aber aus Misstrauen setzte er seinen
Sohn bald darauf gefangen und tödtete ihn schliesslich. In
Kolchis setzte er später den Moaphernes, einen Grossoheim
Strabos von mütterlicher Seite, zum Statthalter ein.[1]

Es folgt die Unterwerfung der Krim und der Stämme an der
Maeotis.[2] Es scheint nicht, dass Mithradates auf dem Landwege, über den Kaukasos, in diese Gegenden gekommen ist, da
nicht nur nirgends von Kämpfen Mithradats mit den kauka-
sischen Stämmen oder einer Herrschaft über dieselben die
Rede ist, sondern auch später bei seinem Zuge über den Kaukasos ins bosporanische Reich im J. 65 Niemand erwähnt,
dass er diese Gegenden schon früher betreten habe.[3] Er
wird also mit einer Flotte nach dem Norden gezogen sein.
Es scheint, dass er zunächst der Aufforderung des bosporanischen Königs Pacrisades folgte, der den von den Taurern ge-
forderten Tribut nicht mehr erschwingen konnte und ihm sein
Reich abtrat. Die Taurer waren von den Söhnen des alten
Königs Skiluros beherrscht, deren Zahl auf funfzig oder acht-

---

[1] Strabo XI 2, 18. XII 3, 33. Appian Mithr. 64.
[2] Dass diese Kämpfe in diese Zeit fallen, bezeugen Appian
Mithr. 13. 15. Eutrop. V 5; vgl. auch Memnon 30. Ferner Trog. prol. 37.
Justin XXXVII 3, wo, wie schon bemerkt, Pontus das bosporanische
Reich bedeutet. Sehr wichtig ist Trogus bei Justin XXXVIII 7, 4: multo
se timidius ac diffidentius bella Pontica ingressum (quam Romana), cum
ipse rudis ac tiro esset. Scythas praeter arma virtutemque animi loco-
rum quoque solitudinibus vel frigoribus instructos, per quae denuntia-
retur ingens militiae labor ac periculum; und weiter: qui solus morta-
lium Pontum omnem Scythiamque pacaverit cet.   [3] Vgl. Appian.
Mithr. 101 f. Dio C. XXXVI 50 (33). Strabo XI 2, 13.

zig angegeben wird, und unter denen Palakos der angesehenste war. Ihnen zogen die Rhoxolanen, ein skythischer Stamm nördlich vom Isthmos, zu Hülfe, die von Mithradats Feldherrn Diophantes, der nur 6000 Mann bei sich hatte, geschlagen wurden. Gleichzeitig rief die Republik Chersonesos (Sebastopol), gleichfalls von den Taurern aufs Aeusserste bedrängt, den König zu Hülfe und erkannte seine Herrschaft an, und es gelang seinen Feldherren, auch diese glücklich zu vertheidigen und schliesslich die Taurer zu unterwerfen.[1]) Wie weit sich dann noch Mithradats Eroberungen gegen die Skythen und Sarmaten erstreckten, lässt sich nicht sagen; wir wissen nur, dass vertriebene skythische Fürsten in Rom klagten und der Senat befahl, Mithradat solle sie in ihr Reich zurückführen.[2]) Dagegen hatte er mit allen Stämmen im Norden des Pontos, den Skythen, Sarmaten, Thrakern, Bastarnern, Jazygen — auch Kelten werden genannt — Bündnisse geschlossen, und diese erscheinen fortan unter seinen Söldnern.[3]) Das bosporanische Reich zahlte dem pontischen Könige alljährlich 200 Talente Silber, dazu 180000 Medimnen Ge-

---

[1]) Die einzigen genaueren Angaben über diese Kriege verdanken wir den gelegentlichen Erwähnungen Strabos VII 3, 17. 18. 4, 3. 4. 7. Es ist aber ganz unmöglich, dieselben zu einem Ganzen zu verbinden. Selbst das bleibt zweifelhaft, ob Mithradat der Aufforderung der bosporanischen Könige Folge leistete, oder aus eigenem Antriebe in diese Gegenden zog; vgl. Strabo VII 4, 3, wonach M. ἐπὶ τοὺς ὑπὲρ τοῦ ἰσϑμοῦ μέχρι Βορυσϑένους βαρβάρους kämpft, als Chersonesos seine Hülfe in Anspruch nimmt; da bekämpft er gleichzeitig die Skythen und die Taurer, und zu gleicher Zeit ward er auch Herr des bosporanischen Reiches. Auch Justin XXXVII 3 erzählt erst den Krieg gegen die (europäischen) Skythen, gegen die Zopyrion, Kyros (? Darios) und Philipp gekämpft hatten (vgl. Trogus XXXVIII 7), dann die Besetzung von Pontus, d. i. des bosp. Reichs. — Dagegen scheint mir unzweifelhaft, dass alle von Strabo angeführten Kämpfe in die Zeit vor dem ersten Römerkriege fallen; hätte M. nach 80 hier grössere Kämpfe zu bestehen gehabt, so würde Appian (Mithr. 67) wohl davon erzählen.

[2]) Memnon 30.   [3]) ib. App. Mithr. 13. 15. 69 u. a.

treide.[1]) Während des ersten Römerkrieges empörte es sich; Mithradat rüstete eine grosse Flotte aus, unterwarf es nach dem Kriege mit Murena aufs Neue, und setzte seinen Sohn Machares hier zum Statthalter ein.[2]) Dieser schloss mit Lucullus Frieden, konnte aber, als sein Vater im J. 65 auf dem Landwege nach Pantikapaeon kam, ihm keinen Widerstand leisten, sondern tödtete sich selbst.[3])

Die bisher erzählten Kämpfe mögen etwa zehn Jahre ausfüllen, 115—106. Jetzt, wo Mithradat sein Reich und seine Einkünfte um mehr als das Doppelte vermehrt und ein kriegsgeübtes Heer gewonnen hatte, das er durch Anwerbungen im Norden jederzeit beliebig vermehren konnte, begann er, Eroberungen in Kleinasien zu planen. Er mochte auch erwarten, dass die Römer, die ja seine Eroberungen im Osten und Norden kaum beachtet hatten, auch Uebergriffen in Kleinasien wenig in den Weg legen würden; und für den Nothfall war er ja gerüstet. In aller Stille entfernte sich der König, von wenigen Freunden begleitet, aus seinem Reiche und bereiste heimlich ganz Asien, um die Verhältnisse und die Beschaffenheit des Landes aus eigener Anschauung kennen zu lernen. Schon galt er für verschollen, und seine ihm vermälte Schwester Laodike hatte ihm die Treue gebrochen. Als er zurückkehrte, suchte sie ihn zu vergiften; doch wurde er rechtzeitig gewarnt und liess sie hinrichten.[4])

Den Winter brachte Mithradat damit zu, seine Armee zu üben und schlagfertig zu machen. Dann schloss er mit König Nikomedes II von Bithynien (reg. seit 147) ein Bündniss zur Theilung Paphlagoniens und verjagte dessen Herrscher. Als der Senat intervenirte, erklärte Mithradat, seinem Vater sei

---

[1]) Strabo VII 4, 6.   [2]) Appian Mithr. 64. 67.
[3]) ib. 83. 102. Dio C. XXXVI 50. Liv. epit. 98.
[4]) Justin XXXVII 3. Sallust hist. II fr. 55 M. et fratrem et sororem occidit. Den Namen Laodike bezeugt Valer. Max. I 8 ext. 13.

Paphlagonien als Erbschaft zugefallen, während Nikomedes einem seiner Söhne den Namen Pylaemenes gab und in seinem Namen, als wäre er der rechtmässige Herrscher, das Land regierte.[1]) — In diese paphlagonischen Händel scheint die Gesandtschaft zu gehören, welche Mithradates im J. 103, während des ersten Tribunats des Saturninus, mit reichen Geldsummen nach Rom schickte.[2])

Gleich nach der Eroberung Paphlagoniens, sagt Justin, besetzte Mithradates Galatien.[3]) Wir können diese Angabe nur dahin verstehen, dass er die Oberhoheit, welche die pontischen Könige schon früher hier ausübten, befestigte: die Gallier mussten ihm fortan Zuzug leisten.[4]) Während des ersten Römerkrieges suchte er dann Galatien völlig zu unterwerfen. An éinem Tage wurden sämmtliche galatische Tetrarchen, mochten sie ihm befreundet oder feindlich sein, ermordet, theils bei einem Gelage, das er ihnen gab, theils durch ausgeschickte Mörder.[5]) Nur drei entkamen. Diese riefen das Volk zu den Waffen, eroberten die von Mithradat besetzten Burgen und schlugen den von ihm gesandten Satrapen Eumachos zurück.[6]) Einer von ihnen wird Dejotaros gewesen sein, obwohl er hier nicht genannt wird. Ihm, dem ergebensten Anhänger der Römer, gelang es später bekanntlich, ganz Galatien unter seiner Herrschaft zu vereinigen.[7]) Uebrigens war die Kraft der Galater schon durch die Siege des Gn. Manlius Vulso 189 vernichtet worden, in denen gewiss ein sehr

---

[1]) Justin XXXVII 4. XXXVIII 7, 2. 10. Trog. prol. 37.

[2]) Diodor XXXVI 15. [3]) Justin XXXVII 4, 6.

[4]) Trogus bei Justin XXXVIII 4, 9: Gallorum autem nomen, quod semper Romanos terruit, in partem virium suarum ipse (M.) numeret; nam hos qui Asiam incolunt Gallos cet. Dem steht nicht entgegen, dass M.' Aquillius 88 auch aus Paphlagonien und Galatien Truppen zusammenzieht: Appian Mithr. 17. [5]) vgl. Plut. de virt. mul. 23.

[6]) Appian Mithr. 46. 58.

[7]) Strabo XII 5, 1. Ueber Dejotaros vgl. Liv. epit. 94 = Oros. VI 2.

grosser Theil des Volksstammes untergegangen war. In späteren Zeiten zeigen sie, wie schon die bereits früher erwähnten Kriege mit Pergamon und Kappadokien 166—162 beweisen, wenig mehr-von der alten Tapferkeit und Kriegstüchtigkeit. —

Gleichzeitig hatte Mithradat in Kappadokien zu machiniren begonnen. Hier herrschte seit dem Jahre 131 König Ariarathes VI Epiphanes, der Sohn des Ariarathes (V Philometor), der gegen Aristonikos gefallen war. Seine fünf älteren Brüder, die alle noch nicht erwachsen waren, hatten die eigene Mutter Laodike oder Nysa ermordet, um in des jüngsten Sohnes Namen möglichst lange herrschen zu können. Sie wurden indessen wegen ihrer Grausamkeit vom Volke erschlagen, und jetzt herrschte Ariarathes VI allein.[1]) Er war vermält mit Laodike, einer Schwester Mithradates' VI[2]); dieser, begierig auch Kappadokien zu gewinnen, liess ihn durch einen angesehenen Kappadoker, Gordios, ermorden (um 105). Seine Söhne, die beide Ariarathes heissen, waren noch jung; so benutzte Nikomedes von Bithynien die Gelegenheit, um sich der Laodike als Gemal aufzudrängen und Kappadokien zu besetzen. Mithradat, der schon darauf gedacht hatte, seine Neffen aus dem Wege zu räumen, trat jetzt für sie auf, verjagte Nikomedes und machte Ariarathes VII zum Könige (um 102/1). Doch bald verlangte er von ihm, dass dem Gordios, dem Mörder Ariaraths VI, die Rückkehr in seine Heimath gewährt werde. Hierüber entrüstet und das Schlimmste fürchtend, sammelte der junge König ein grosses Heer; als aber Mithradat mit 80000 Mann zu Fuss, 10000 Reitern, 600 Sichelwagen in Kappadokien einrückte, wagte er keine Schlacht. Mithradat knüpfte Verhandlungen an, verlangte eine Zusammenkunft und stiess hierbei vor den Augen beider Heere seinen Neffen nie-

---

[1]) Justin XXXVII 1.
[2]) Denselben Namen führte die dem M. VI vermälte Schwester. Ebenso heissen beide Töchter des Mithradates II Laodike.

der (100 v. Chr.). Kappadokien unterwarf sich ihm, und er
setzte seinen achtjährigen Sohn, der den Namen Ariarathes (VIII)
Eusebes Philopator annahm, — denselben Namen hatte der
beste Herrscher Kappadokiens, Ariarathes IV, geführt — zum
Könige ein; die Verwaltung des Reiches übernahm Gordios.[1])
Indessen bald wurde den Kappadokern die drückende
Verwaltung der fremden Beamten unerträglich; und da Ariarathes, der Bruder des ermordeten Königs, der in der römischen Provinz Asien erzogen wurde, jetzt herangewachsen
war, riefen sie ihn herbei. Mithradat gelang es jedoch, ihn
zu besiegen und zu verjagen; bald darauf erkrankte er und
starb (um 95). Nikomedes aber, begierig die Herrschaft über
Kappadokien wiederzugewinnen und zugleich bei der wachsen-
den Macht Mithradats für sein eigenes Reich besorgt, stellte
einen neuen Prätendenten auf in Gestalt eines schönen Knaben,
den er für einen dritten Sohn Ariaraths VI ausgab. Für
diesen rief er die römische Vermittelung an, und Laodike be-
zeugte vor dem Senat, dass er wirklich ihr Sohn sei. Indessen
jetzt beanspruchte auch Mithradat für Ariarathes VIII königliche Abkunft. Gordios, den er als Gesandten nach Rom
schickte, beschwor, dass er ein Sohn des gegen Aristonikos
gefallenen Ariarathes sei, also einer der von Laodike-Nysa
ermordeten Prinzen, und mithin bessere Ansprüche habe, als
die Söhne Ariarathes' VI. Der römische Senat, der natürlich
die Lügen durchschaute und endlich einsah, dass Mithradates'
Machtentwickelung gefährlich zu werden anfing, entschied,
Mithradates sowohl wie Nikomedes sollten Kappadokien und

---

[1]) Justin XXXVIII 1. 7, 9. Trog. prol. 38. Memnon 30: (Καππαδοκίας) δι' ἀπάτης καὶ ὅρκων συμβατηρίων τὸν ἀδελφιδοῦν Ἀράϑην (sic)
συλλαβὼν ὁ Μιϑριδάτης, αὐτοχειρίᾳ ἀποσφάξας, ἐκράτησεν· παῖς δὲ ὁ
Ἀράϑης ἐκ τῆς ἀδελφῆς τοῦ Μιϑριδάτου Ἀριαράϑῳ (sic) γεγένητο. Im
übrigen verweise ich für die Chronologie und die Königsfolge auf den
Anhang.

Paphlagonien herausgeben; beide Völker sollten frei sein.[1]) Die Könige wagten nicht, Widerstand zu leisten. In Paphlagonien finden wir später wieder einen König Pylaemenes[2]), und im J. 88 hatten Mithradats Feldherren hier noch lange zu kämpfen.[3]) Auch aus Kappadokien zog er seinen Sohn Ariarathes zurück.[4]) Das kappadokische Volk, d. h. die Versammlung der Magnaten, erklärte aber, sie könnten ohne König nicht leben; so gestattete ihnen der Senat eine Neuwahl, die auf den angesehenen Kappadoker Ariobarzanes fiel, der denn auch vom Senat bestätigt wurde.[5]) Indessen Mithradat behauptete, das Volk habe in Masse erklärt, es wünsche Gordios zum Könige, und veranlasste, da er selbst nicht direct gegen die Römer aufzutreten wagte, seinen Schwiegersohn Tigranes von Armenien (reg. seit 95), denselben mit armenischen Truppen nach Kappadokien zu schicken.[6]) Ariobarzanes, nicht im Stande Widerstand zu leisten, wandte sich an den Senat; und dieser beauftragte den Propraetor von Kilikien, L. Cornelius

---

[1]) Justin XXXVIII 2.   [2]) Eutrop. V 5. und Oros VI 2 (nach Liv.).
[3]) App. Mithr. 21.   [4]) Mithr. sagt Justin XXXVIII 5, 6: non Phrygiam Paphlagoniamque dimissas? non Cappadocia filium eductum, quam iure gentium victor occupaverat? Mit Unrecht setzt Mommsen die Zurückziehung Ariaraths und die Wahl des Ariobarzanes erst nach Sullas Expedition; Sulla hatte nur gegen Gordios zu kämpfen (Plut. Sulla 5), und sein Auftrag war, Ariob. zurückzuführen (Liv. epit. 90. Appian Mithr. 10. 57). Deutlich zeigen den Zusammenhang M.s Worte Justin XXXVIII 5, 8 tamen nihilominus imputari sibi, si qua Gordius aut Tigranes faciat. Libertatem etiam in contumeliam sui a senatu ultro delatam Cappadociae, quam reliquis gentibus abstulerant; deinde populos Cappadocum, pro libertate oblata Gordium regem orantes, ideo tantum, quoniam amicus suus esset, non obtinuisse.   [5]) Justin XXXVIII 2, 8.   Strabo XII 2, 11.
[6]) Nach Plut. Sulla 5 kämpft Sulla gegen Gordios und armenische Truppen. In der eben angeführten Stelle sagt M., es werde ihm zugeschrieben, si qua Gordius aut Tigranes faciat. Daher erzählt Justin das Bündniss mit Tigranes gleich nach Ariobarzanes Wahl, übergeht dann aber in seiner gewöhnlichen Weise Sullas Expedition und geht unmittelbar zu der neuen Eroberung Kappadokiens um 91 über.

Sulla, mit seiner Rückführung. Dieser zog rasch, namentlich von den Bundesgenossen, einige Truppen zusammen, schlug Gordios und die Armenier aus Kappadokien hinaus und setzte Ariobarzanes wieder ein (92 v. Chr.).[1])

Weiter gegen Mithradates oder gar gegen Tigranes vorzugehen hatte Sulla weder den Auftrag noch die Macht; und wohl durfte Mithradat hoffen, nicht immer einen so energischen Gegner zu finden, sondern schliesslich durch Bestechungen und Intriguen in den definitiven Besitz Kappadokiens zu gelangen, um so mehr, da der jetzt ausgebrochene Bundesgenossenkrieg alle Aufmerksamkeit der Römer in Anspruch nahm. Er schickte daher, wie es scheint im J. 91, seine Feldherren Mithroas und Bagoas nach Kappadokien, unterstützt von Tigranes, mit dem er ein Bündniss geschlossen hatte, dass dieser alle bewegliche Beute, Mithradates dagegen das eroberte Land in Besitz nehmen sollte. Ariobarzanes leistete ebensowenig Widerstand wie früher; Ariarathes VIII, Mithradates Sohn, wurde zum zweiten Male König von Kappadokien.[2])

Um dieselbe Zeit war in Bithynien König Nikomedes II Epiphanes gestorben (reg. 147—92?); ihm folgte sein Sohn Nikomedes III Philopator, den ihm seine Gemalin Nysa, angeblich eine Tänzerin, geboren hatte.[3]) Er wurde vom Senate

---

[1]) Plut. Sulla 5. Ferner Liv. epit. 90: Ariobarzanes in regnum Cappadociae a L. Sylla reductus est. Appian M. 10 Ῥωμαῖοι δὲ αὐτὸν (M.) ἐκστῆναι Καππαδοκίας ἐκέλευσαν Ἀριοβαρζάνῃ καταφυγόντι ἐπ᾽ αὐτοὺς ... ὁ δὲ τοῦτο μὲν ἤνεγκε cet. ib. 57 sagt Sulla: ἐς μὲν Καππαδοκίαν ἐγὼ κατήγαγον Ἀριοβαρζάνην, Κιλικίας ἄρχων, ὧδε Ῥωμαίων ψηφισαμένων, καὶ σὺ κατήκουες ἡμῶν. Appian hat für diese Rede eine gute Quelle benutzt; dagegen ist seine Darstellung der Ereignisse selbst in cp. 10 höchst flüchtig.

[2]) Appian Mithr. 10 Τοῦ δ᾽ αὐτοῦ χρόνου Μιθρώας καὶ Βαγώας Ἀριοβαρζάνη τόνδε τὸν ὑπὸ Ῥωμαίων κατηγμένον ἐς τὴν Καππαδοκίαν ἐκβαλόντες Ἀριαράθην κατήγαγον ἐς αὐτήν. — Justin XXXVIII 3.

[3]) Den Namen Nysa nennt Memnon 30. Mithradates nennt sie eine Tänzerin Justin XXXVIII 5, 10. — Die Hauptstelle über die

anerkannt; aber sein Stiefbruder Sokrates, mit dem Beinamen
Chrestos, behauptete, bessere Ansprüche auf den Thron zu'

---

späteren bithynischen Könige ist Appian Mithr. 8. Danach folgte auf
Prusias II im J. 147 sein Sohn Nikomedes II, diesem Nikomedes III
Philopator. Dessen Enkel ($vi\omega v\grave{o}\varsigma$ $\tau o\tilde{v}\delta\varepsilon$ $\check{\varepsilon}\tau\varepsilon\varrho o\varsigma$ $N\iota\varkappa o\mu\acute{\eta}\delta\eta\varsigma$) vermachte
in seinem Testamente Bithynien den Römern (75 v. Chr.; über seinen
Sohn von der Nysa s. Sallust hist. II fr. 57. IV 20, 9 Kritz). Dazu
stimmt genau die delische Inschrift C. I. gr. 2279 $BA\Sigma I\Lambda E\Omega\Sigma$ $NIKO$-
$MH\Lambda ov$ TOY $EYIONOY$ (leg. $\dot{\varepsilon}\varkappa\gamma\acute{o}vov$ oder $\dot{\varepsilon}\gamma\gamma\acute{o}vov$) $BA\Sigma I\Lambda E\Omega\Sigma$
$NIKOMH\Lambda OY$ $E\Pi I\Phi ANOY$ (sic) $\delta\iota o\varsigma KOYPI\Lambda H\Sigma$ $\Lambda IO\Sigma KOYPI\Lambda OY$
$PA M NOY\Sigma IO\Sigma$ $IYMNA\Sigma IAPX\omega v$. Danach war der König Niko-
medes, auf dessen Statue diese Inschrift sich bezieht, der Urenkel des
Königs Nikomedes II Epiphanes; also ist der letzte König von Bithynien gemeint. Dass Nikomedes III im Jahre 92/1 zur Regierung kam,
bezeugt Appian Mithr. 10 ($N\iota\varkappa o\mu\acute{\eta}\delta\varepsilon\iota$ $\tau\tilde{\omega}$ $N\iota\varkappa o\mu\acute{\eta}\delta ov\varsigma$ $\tau o\tilde{v}$ $\Pi\varrho ov\sigma\acute{\iota} ov$
$B\iota\vartheta\nu\nu\acute{\iota} a\varsigma$ $\dot{\omega}\varsigma$ $\pi a\tau\varrho\dot{\omega}a\varsigma$ $\dot{v}\pi\dot{o}$ $^{\prime}P\omega\mu a\acute{\iota}\omega v$ $\dot{a}\pi o\delta\varepsilon\iota\chi\vartheta\acute{\varepsilon}\nu\tau\iota$ $\beta a\sigma\iota\lambda\varepsilon\acute{v}\varepsilon\iota\nu$ cet.),
und dass er noch im J. 85/4 regierte, die capitolinische Chronik C. I.
gr. 6855, die zu diesem Jahre bemerkt: $M\iota\vartheta\varrho a\delta\acute{a}\tau\eta\varsigma$ $\pi\varrho\dot{o}\varsigma$ $\Sigma\acute{v}\lambda\lambda a\nu$ $\sigma v\nu$-
$\vartheta\acute{\eta}\varkappa a\varsigma$ $\dot{\varepsilon}\pi o\iota\acute{\eta}\sigma a\tau o$ $\varkappa a\grave{\iota}$ $\Phi\iota\lambda o\pi\acute{a}\tau\omega\varrho$ $\tau\dot{o}$ $\delta\varepsilon\acute{v}\tau\varepsilon\varrho o\nu$ $\varepsilon\grave{\iota}\varsigma$ $B\iota\vartheta\nu\nu\acute{\iota} a\nu$ $\varkappa a\tau\varepsilon\lambda\vartheta\dot{\omega}\nu$
$\dot{\varepsilon}\beta a\sigma\acute{\iota}\lambda\varepsilon v\sigma\varepsilon\nu$ $\varkappa a\grave{\iota}$ $A\varrho\iota o\beta a\varrho\zeta\acute{a}\nu\eta\varsigma$ $\varepsilon\grave{\iota}\varsigma$ $Ka\pi\pi a\delta o\varkappa\acute{\iota} a\nu$ $\varkappa a\tau\acute{\eta}\chi\vartheta\eta$. Wann Nikomedes III starb und ob ihm gleich sein Enkel Nikomedes (IV) oder
erst sein Sohn, der wahrscheinlich auch Nikomedes hiess, folgte, wissen
wir nicht. Leider geben die Münzen uns gar keine sichere Auskunft.
Abgesehen davon, dass der Anfang der bithynischen Aera nicht sicher
ist, tragen mit wenigen Ausnahmen alle Münzen der Nachfolger Pru-
sias' II die Legende $BA\Sigma I\Lambda E\Omega\Sigma$ $E\Pi I\Phi ANOY\Sigma$ $NIKOMH\Lambda OY$. Also
ist Epiphanes hier keineswegs Beiname des Königs, sondern ein Titel,
den auch Nikomedes Philopator trägt. Sie können also nur nach den
Portraits unter die mindestens drei Nikomedes, die von 147—75 re-
gierten, vertheilt werden; und dies ist natürlich nur durch Vergleichung
der Münzen selber möglich. Leider ist das ausführliche Bruchstück des
Granius Licinianus, welches über diese Verhältnisse handelt (pg. 34. 36
Bonn), so schlecht erhalten, dass es historisch nicht verwerthet werden
kann. Wie es scheint, hat bei ihm der Vater des Nik. Philopator den
Beinamen Euergetes; den Namen seiner Mutter (Nysa bei Memnon 30)
lesen die Bonner Herausgeber Aristonika. Er selbst vermält sich mit
Nysa, der Tochter des kappadokischen Königs Ariarathes (VI?). Unsere
Ueberlieferung kennt in Bithynien vier Nysa: die Gemalin des Niko-
medes II (Memnon), des Nikomedes III (Licin.), des im J. 75 gestorbenen
Nikomedes (IV? Sallust), ferner des letzteren Tochter (Sueton Caes. 49);
offenbar hat hier also schon im Alterthum Verwirrung geherrscht.

haben und fand bei Mithradat bereitwillige Unterstützung. Mit leichter Mühe wurde Nikomedes verjagt und ging wie Ario- barzanes nach Rom. Der Senat beauftragte mit der Rück- führung beider Könige den Consular M.' Aquillius; dem Statt- halter von Asien L. Cassius und Mithradates selber wurde die Ausführung anbefohlen. Auch diesmal wagte Mithra- dat keinen Widerstand. Er leistete zwar nicht den verlangten Zuzug, zog aber Ariarathes aus Kappadokien zurück und schaffte den Sokrates bei Seite. Nikomedes wie Ariobarzanes konnten in ihr Reich zurückkehren (90 v. Chr.).[1]

Anhang.

Die letzten Ariarathiden. Chronologie der klein- asiatischen Kriege Mithradates' VI.

Von den Königen, die nach Ariarathes IV Eusebes Philo- pator, reg. seit 163 — ich bezeichne als Ariarathes I den (Neu-)Gründer des Reichs (301 bis ca. 270), der gewöhnlich Ariarathes III heisst — in Kappadokien herrschten, haben wir folgende Münzen:

1) mit der Legende $BA\Sigma IAE\Omega\Sigma\ API APA\Theta OY\ E\Pi I\Phi A\text{-}NOY\Sigma$ und den Jahreszahlen $A,\ \varsigma,\ I,\ IA,\ II^{\cdot},\ EI$ (Jahr 1—15).

---

[1] Justin XXXVIII 3, 4. 5, 8: non regem Bithyniae Chreston, in quem senatus arma decreverat, a se (M.) in gratiam illorum occisum? Appian Mithr. 10 f. 13. 57. Memnon 30. Das Datum ergibt sich aus Liv. epit. 74, wo, nachdem die Ereignisse des Jahres 90 in Italien berichtet sind, erzählt wird: Nicomedes in Bithyniae, Ariobarzanes in Cappado- ciae regnum reducti sunt. — Neben Aquillius nennt Justin XXXVIII 3. 4. Trog. prol. 38 noch einen sonst unbekannten Gesandten Manlius Maltinus.

2) mit der Legende *BAΣIΛEΩΣ APIAPAΘOY ΦIΛO-MHTOPOΣ* und den Jahreszahlen ς, *H, Θ, IA, IB* (Jahr 6—12). Auf dem Revers zeigen alle diese Münzen, wie überhaupt die aller kappadokischen Könige von Ariarathes III an (ausser Archelaos), eine stehende Pallas Nikephoros.

3) Eine Drachme, die auf dem Avers die sich deckenden Köpfe einer Königin und eines Knaben, auf dem Revers eine kleine sitzende Pallas Nikephoros trägt, dazu die sechszeilige Legende *BAΣIΛIΣΣHΣ NYΣHΣ KAI BAΣIΛEΩΣ APIA-PAΘOY ΕΠΙΦΑΝΟΥΣ ΤΟΥ ΥΙΟΥ.*[1])

4) Dazu kommen dann die Münzen des Ariarathes, Sohnes des Mithradates, von denen unten zu handeln ist.

Nun hat unter allen Nachfolgern des Ariarathes, der gegen Aristonikos fiel, nur Einer eine längere Reihe von Jahren regiert, nämlich sein Sohn (Ar. VI) — abgesehen natürlich von dem Sohne Mithradats. Denn der von uns Ar. VII genannte König, der Neffe Mithradats, hat nur kurze Zeit geherrscht, dessen Bruder ist überhaupt nicht zur Regierung gekommen. Um nun die beiden Könige Ar. Epiphanes und Ar. Philometer unterzubringen, könnte man annehmen, der von Mithradat um 105 ermordete Ariarath, der Gemal seiner Schwester, sei von dem Nachfolger des 131 gefallenen Königs verschieden. Indessen der letztere war bei seinem Regierungsantritt noch ein Kind, während von den Söhnen des 105 ermordeten Ariarath der eine bald die Regierung übernehmen konnte, der andere nach wenigen Jahren so weit herangewachsen war, dass er versuchen konnte, Mithradates Sohn zu vertreiben. Mithin hat von 131—105 nur éin König regiert, der, da ihm unmöglich der Beinamen Philometor angehören kann — seine Mutter hatte ja seine Brüder ermordet und war dann vom

---

[1]) Friedländer in Ztschr. f. Numism. IV 270. Für die übrigen Münzen s. ausser Eckhel, Mionnet und Visconti die Zusammenstellung von Borell, Numism. Chronicle New. Ser. II 186 ff.

Volke erschlagen — Ariarathes Epiphanes sein muss.[1]) Dann aber gehört ihm und seiner Mutter auch unzweifelhaft die Münze der Nysa, die unter 3) beschrieben ist. Denn weder vorher noch nachher hat in Kappadokien eine Königin für ihren Sohn die Regentschaft geführt, und überdies ist es ganz unmöglich, noch einer zweiten Ariarathes Epiphanes anzunehmen.[2]) Justin (XXXVII 1, 4) nennt die Königin freilich Laodike; indessen ist es leicht möglich, dass er hier eine Verwechselung begangen hat, zumal da ja der Name Laodike gerade in dieser Zeit so häufig ist. — Ihre Enkelin ist wahrscheinlich die Nysa, welche Granius Licinianus (pg. 36 Bonn) als Gemalin des Nikomedes Philopator und Tochter des Ariarathes (VI?) nennt.

Für Ariarathes Philometor bleibt aber nichts anderes übrig, als ihn in die Zeit vor 131 zu setzen. Wir müssen mithin annehmen, dass der 131 gefallene König nicht mit Ar. IV Philopator identisch ist, was auch kein Schriftsteller berichtet. Für diese Unterscheidung spricht, dass Ar. IV bereits im J. 154 einen erwachsenen Sohn Demetrios hatte, der an der Spitze seines Heeres steht[3]), während die sechs Söhne des 131 verstorbenen Königs alle noch unmündig waren.[4]) —

Von Ariarathes VIII, dem Sohne Mithradats, haben wir

---

[1]) Dass von ihm nach seinem fünfzehnten Jahre keine Münze vorhanden ist, spricht nicht dagegen. Die kappadokischen Könige haben überhaupt nur sehr unregelmässig geprägt; so findet sich in der Münzreihe des Ariarathes III Eusebes eine Lücke vom dreizehnten bis zum dreissigsten Jahre; vgl. Friedländer l. c. pg. 12 Anm.

[2]) Friedländer l. c. pg. 270 meint freilich, der Typus der sitzenden Pallas beweise, dass die Münze in die Zeit vor Ar. III gehöre. Indessen erklärt sich die geringe Abweichung von dem gewöhnlichen Typus genügend aus der ungewöhnlich langen Umschrift dieser Münze, die für eine stehende Pallas keinen Platz liess. Ueberdies ist ein Ariarathes Epiphanes in so früher Zeit durchaus nicht unterzubringen. Auch kann dieser Beiname unmöglich vor Ptolemaeos V Epiphanes, dem ihn zunächst Antiochos IV Epiphanes entlehnte, vorkommen.

[3]) Polyb. XXXIII 10, 1.   [4]) Justin XXXVII 1.

eine Tetradrachme, die Friedländer folgendermassen beschreibt:

Av. Kopf des Königs.

Rv. *BAΣIΛΕΩΣ ΑΡΙΑΡΑΘΟΥ ΕΥΣΕΒΟΥΣ ΦΙΛΟΠΑΤΟΡΟΣ.* Trinkender Pegasos, rechts Halbmond mit Stern, das Zeichen der pontischen Könige, links Monogramm. Kranz von Weinblättern.[1])

Da nun der trinkende Pegasos ein häufiger und charakteristischer Typus Mithradates VI ist, überdies Halbmond und Stern deutlich die pontische Abstammung des Königs zeigen, so kann die Zuweisung dieser Münze nicht zweifelhaft sein. „Demselben Könige,“ fährt Friedländer fort, „gehören aber auch die bisher Ariarathes VI Eusebes (unserem Ar. IV) zugeschriebenen Drachmen an, denn sie haben das nämliche Bildniss. Dass Philopator dort fehlt, erklärt sich daraus, dass auf den kleinen Münzen kein Raum war. Ariarathes VI (IV) aber kann unser mithradatisches Tetradrachmon nicht geprägt haben. — Ariarathes' Drachmen haben die Zahlen *A, B, Γ, Δ, E, Z, IB, IΓ*, also hätte unser Ariarathes dreizehn Jahre, mit Unterbrechungen, regiert.“ .

Es kommt nun darauf an, die Zeit dieser Jahre zu bestimmen. Läge das dreizehnte Jahr Ariarathes' VIII vor Sullas Intervention (92), so wäre er spätestens 105 zur Regierung gekommen, was offenbar zu früh ist. Wahrscheinlich fallen die Jahre 12 und 13 in die Jahre 88 und 87 v. Chr. Denn schon Ende 89 schickte Mithradat den Ariarathes aufs neue mit einem Heere nach Kappadokien, und derselbe übernahm wieder die Regierung.[2]) Zu Anfang des Krieges führte er

---

[1]) Ztschr. f. Num. IV pg. 10 ff.

[2]) Appian Mithr. 15 *M. ἔπεμπε σὺν πολλῇ χειρὶ τὸν υἱὸν Ἀριαράθην βασιλεύειν Καππαδοκίας, καὶ εὐθὺς ἦρχεν αὐτῆς ὁ Ἀριαράθης, Ἀριοβαρζάνη ἐκβαλών.* Mommsen hat noch in der sechsten Aufl. (II 280) fälschlich den Namen Ariobarzanes.

dem Mithradat 10000 Reiter aus Kleinarmenien zu, besetzte dann Makedonien, und zog gegen Sulla zum Entsatze Athens. Auf dem Marsche starb er (Anfang 86), wie sich aus den geheimen Papieren Mithradats ergab, von seinem Vater vergiftet.[1]) — Ist das Jahr 12 = 88 v. Chr., so ist das J. 7 = 93 v. Chr., dem Jahre vor Sullas Intervention, und das J. 1 = 99. Die Ermordung Ariaraths VII fällt dann in das Jahr 100 oder Anfang 99.

Man könnte nun freilich die Jahre 12 und 13 auch = 91 und 90 setzen, in denen Ariarathes ja wie wir sahen auch in Kappadokien herrschte. Dann wäre das Jahr 7 = 96, das Jahr 1 = 102. Dagegen spricht aber folgende Erwägung. Ariarathes VIII war 8 Jahre alt, als ihn sein Vater zum Könige machte.[2]) War nun sein zwölftes Jahr = 91 v. Chr., so war er 110 v. Chr. geboren und im J. 91 zwanzig Jahre alt. Nun liess ihn aber Mithradates im J. 91 durch seine Feldherren zurückführen[3]), während er 89 selbst in Kappadokien einrückte und auch später seines Vaters Heere führte. Es ist also wahrscheinlich, dass er im J. 91 noch jünger als zwanzig Jahre war. War nun sein zwölftes Jahr = 88 v. Chr., so war er 107 geboren und im J. 91 erst siebzehn Jahre alt. —

Die übrigen oben gegebenen chronologischen Ansätze beruhen auf der Annahme, dass die von Mithradat im J. 103 nach Rom geschickte Gesandtschaft über die paphlagonische Angelegenheit verhandelte. Dann fällt die Besetzung Paphlagoniens in dies Jahr, die grossen Rüstungen Justin XXXVII 4 in den Winter 104/3, die Reise durch Kleinasien ins Jahr 104. Unmittelbar vorher hat Justin die merkwürdige Angabe: auctus igitur viribus, Pontum (das bosp. Reich) quoque ac deinceps Cappadociam occupavit. Wenn kein Fehler Justins vor-

---

[1]) Appian Mithr. 17. 35. 41. Er nennt ihn hier Arkathias, während Plutarch Sulla 11 Ariarathes hat. — Seine Vergiftung Plutarch Pomp. 37.   [2]) Justin XXXVIII 1, 10.   [3]) Appian Mithr. 10.

liegt, kann man hierbei doch nur an die erste Einmischung
Mithradats in die kappadokischen Verhältnisse, d. i. an die
Ermordung Ariaraths VI denken, die XXXVIII 1 nur nach-
holend erwähnt wird. Dieselbe fiele dann wahrscheinlich ins
Jahr 105.

Wir erhalten mithin aller Wahrscheinlichkeit nach die
folgende Zeittafel und Königsreihe:

221—163 Ariarathes III Eusebes.

163 bis ca. 145 Ariarathes IV Eusebes Philopator.

ca. 145—131 Ariarathes V Philometor.

131—105 Nysa (Laodike). Ariarathes VI Epiphanes.

105—100 Ariarathes VII.

104 Reise Mithradates' VI durch Kleinasien.

103 Besetzung Paphlagoniens. — Nikomedes in Kappadokien, mit Laodike vermält.

102 ⎫
101 ⎭ Nikomedes von Mithradat vertrieben.

100 Ariarathes VII ermordet. Ariarathes VIII Eusebes
Philopator.

99 erstes Jahr des Ariarathes VIII

98 zweites Jahr

97 drittes „

96 viertes „ ⎫ Ariarathes, der Bruder des Ar. VII,
95 fünftes „ ⎭ in Kappadokien

94 ohne Münze. Ariarathes stirbt.

93 siebentes Jahr. — Nikomedes und Laodike klagen in
Rom. Ariarathes VIII zurückgezogen. Königswahl.
Ariobarzanes I.

92 Gordios und Tigranes in Kappadokien. Sullas Intervention. Nikomedes II †. Nikomedes III Philopator.

91 Ariarathes VIII wieder in Kappadokien. Sokrates in
Bithynien.

90 Ariobarzanes von M.'Aquillius zurückgeführt. Sokrates †.

89 Nikomedes III fällt in Pontos ein. Ariarathes VIII
  zum dritten Mal in Kappadokien.
88 Zwölftes Jahr des Ariarathes VIII. Nikom. III verjagt.
87 Dreizehntes Jahr.
86 Ariarathes VIII †.
85/4 Winter. Friede von Dardanos. Ariobarzanes und
  Nikomedes III zum zweiten Mal zurückgeführt.

Zwölftes Kapitel.

Mithradates' VI Römerkriege und Untergang.
89—63.

Bisher hatte Mithradates versucht, eine erobernde Politik
zu verfolgen, ohne es je zu einem Bruche mit Rom kommen
zu lassen, uneingedenk der Worte des Marius, der ihm schon
im J. 99 bei seinem Aufenthalte in Asien gesagt hatte: „Entweder versuche mächtiger zu werden als die Römer, oder thue
schweigend, was Dir befohlen wird."[1]) Auch M.' Aquillius gegenüber hatte Mithradat dieselbe Politik befolgt, und der Krieg
hätte noch lange hinausgeschoben werden können, wenn nicht
der römische Gesandte, gierig nach Kriegsruhm und gieriger
nach Geld, den Krieg gewollt hätte. Er suchte die beiden
von ihm zurückgeführten Könige zu einem Angriff auf Mithradat zu reizen, und Nikomedes, welcher die dem Aquillius und
anderen einflussreichen Römern für seine Rückführung verspro-
chenen Summen nicht erschwingen konnte, sah sich sehr gegen
seinen Willen genöthigt dem Drängen des Gesandten nach-
zugeben. Er fiel in Pontos ein, verwüstete das Gebiet von

---

¹) Plut. Marius 31. Marius in Kappadokien auch Cic. ep. ad Brut. 5.

Amastris, und kehrte, da Mithradats Heere sich zurückzogen, mit reicher Beute zurück. Mithradat begnügte sich damit, in Rom und bei Aquillius zu protestiren und zu verlangen, dass man entweder Nikomedes anweise, Frieden zu halten, oder ihm die Nothwehr gestatte. Indessen der Senat war zu sehr mit den italischen Verhältnissen beschäftigt, um sich um den Osten kümmern zu können; Aquillius aber erklärte, der König habe sich jedes Kampfes mit Nikomedes zu enthalten.

Da erkannte Mithradat, dass der Krieg unvermeidlich sei; und sofort schickte er seinen Sohn Ariarathes mit einem grossen Heere nach Kappadokien (Herbst 89). Der Winter verging mit Verhandlungen und Rüstungen; im Frühjahr 88 ging Mithradat zum Angriff über.[1] Wie es ihm gelang, ganz Kleinasien, mit Ausnahme weniger Städte, fast ohne Widerstand zu besetzen, wie seine Heere nach Makedonien, nach Griechenland vordrangen, ist bekannt genug. Eine Zeitlang durfte er hoffen, den Römern auf die Dauer Kleinasien, ja vielleicht die ganze hellenische Welt zu entreissen, zumal da der Bundesgenossenkrieg und der Bürgerkrieg ihre Kräfte absorbirten. Es ist sehr bezeichnend, dass er im J. 88 Goldmünzen zu prägen begann, was in Asien seit Darios Zeiten für ein Vorrecht des Grosskönigs galt, weshalb denn nach den ersten Seleukiden kein hellenistischer Staat (ausser Aegypten) Goldmünzen auf seinen Namen geprägt hatte.[2] Indessen Mithradat war seiner Rolle in keiner Weise gewachsen; während er in Asien eine derartige Schreckensherrschaft begann, dass bald überall Empörungen ausbrachen, wurden in Europa seine Heere mehr noch durch sein Verschulden als durch Sullas umsichtige Kriegführung aufgerieben, und er verdankte es nur den inneren römischen Kämpfen, dass in dem im Winter 85/4 zu Dardanos

---

[1] Appian Mithr. 11—17. Dio C. fr. 99.

[2] Vgl. Mommsen, Röm. Münzwesen 702 f. Nur Nikomedes II hat zu Anfang seiner Regierung einige Goldmünzen geprägt.

geschlossenen Frieden von Sulla nur die Herausgabe der asiatischen Eroberungen, Zahlung der Kriegskosten und Uebergabe eines Theiles der Flotte verlangt wurde.

So stellte der Friede von Dardanos nur den Status quo von 92 und 90 wieder her; indessen Mithradates wusste wohl, dass die Römer ihm nie seine Auflehnung gegen ihre Herrschaft, geschweige denn das Mordedikt von Ephesos vergeben würden. So begann er denn aufs neue zu rüsten. Wenn er sich bei Murenas Angriff im J. 83 eben so nachgiebig zeigte, wie früher bei dem Einfalle des Nikomedes, so hatte dies seinen sehr natürlichen Grund darin, dass weder die aufständischen Kolcher und Bosporaner wieder unterworfen, noch überhaupt zu einem neuen Kriege genügende Vorbereitungen getroffen waren, und überdies Mithradat wenig geneigt sein mochte, nochmals gegen Sulla zu kämpfen. Mithradat hatte erfahren, dass es zum Kampfe mit Rom ganz anderer Vorbereitungen bedurfte, als zu Eroberungen in Asien. So schaffte er denn allen bisherigen Pomp und Flitter in der Armee ab, führte römische Bewaffnung ein, liess 120000 Mann von römischen Officieren nach römischer Art ausbilden.[1]) Dazu baute er eine neue Flotte, und sah sich vor allem nach Bundesgenossen um. Mit Sertorius knüpfte er schon früh Verhandlungen an und bald wurde ein förmlicher Vertrag geschlossen. Andererseits hoffte er auf die Unterstützung seines Schwiegersohnes Tigranes, der eben jetzt Syrien und Kappadokien besetzt hatte, ohne dass die Römer Einsprache erhoben. Als dann im J. 75 die Römer Bithynien einzogen, ohne sich um einen angeblich ehelichen Sohn des Nikomedes (IV?) zu kümmern, begann er den Krieg.

Indessen auch diesmal zeigte sich der pontische König militärisch seinen Gegnern keineswegs gewachsen. Die so

---

[1]) Plut. Luc. 7. Vgl. Appian Mithr. 69 u. a.

kühn begonnene Offensive endigte mit einer kläglichen Niederlage. Sertorius erlag in Spanien, Tigranes zeigte sich als einen höchst unzuverlässigen Bundesgenossen, der nur eingriff, wenn er sein Reich unmittelbar bedroht sah. Auch diesmal war es mehr eine Folge der heillosen Verwirrung, die in Rom herrschte, als der Tüchtigkeit Mithradats, dass er zehn Jahre lang den römischen Heeren Widerstand leisten konnte. Als endlich Pompejus den Oberbefehl im Osten mit unumschränkter Machtvollkommenheit erhielt, ward der Krieg rasch beendet. Mithradat flüchtete nach dem bosporanischen Reiche, rüstete zu neuen Kriegen, plante einen Einfall in Italien, und wüthete dabei gegen seine eigenen Unterthanen und Vertrauten, bis sein Sohn Pharnakes sich gegen ihn erhob und ihn zwang, sich selbst den Tod zu geben (63 v. Chr.).

Mit Mithradates Untergang endet die Selbstständigkeit nicht nur des pontischen Reiches, sondern überhaupt aller noch existirenden hellenistischen Staaten. Zwar beliebte es den Römern, nur einen Theil der eroberten Länder zur Provinz zu machen, in den übrigen neue Fürstenthümer und Freistaaten zu schaffen. Indessen waren diese nichts als ein Spielball in den Händen der Grossen, die nach Laune oder für Geld dreissig Jahre hindurch Könige ein- und absetzten, Städten die Freiheit gaben und entzogen. Die Monarchie des Augustus brachte zwar gesichertere Zustände; die noch bestehenden Clientelstaaten sollten theils in schwer zu beherrschenden Gegenden, z. B. Kilikien und Pisidien, die Aufrechterhaltung des Friedens übernehmen und ruhige Zustände anbahnen, theils die Bevölkerung allmählich an die directe Herrschaft Roms gewöhnen. Davon war aber eine natürliche Folge, dass, wo es den Kaisern Zeit dünkte, oder wo persönliche Gründe vorlagen, sie diese Staaten ohne weitere Ceremonien einen nach dem andern einzogen.

Vom Reiche Mithradats machte Pompejus nur das Gebiet

westlich vom Halys, die paphlagonische Küste und das Amnias-
thal, zur Provinz; dies Gebiet wurde mit Bithynien unter dem
Namen Bithynia et Pontus vereinigt.[1]) Das innere Paphlagonien erhielten Nachkommen des alten Fürstengeschlechtes,
Attalos und Pylaemenes (Euergetes nach Münzen); später
wurde es von Dejotaros Philadelphos, dem Sohne des galati-
·schen Tetrarchen Kastor, vereinigt, und im J. 7 v. Chr. Provinz. Jenseits des Halys wurde der Priesterstaat von Komana
vergrössert und als selbstständiges Fürstenthum dem Archelaos
gegeben; Amasia erhielt eigene Könige, bis es 7 v. Chr. Provinz ward[2]); Amisos wurde frei. Alles übrige scheint der
Tetrarch oder vielmehr König von Galatien, Dejotaros, erhalten
zu haben, der auch mit Kleinarmenien belehnt ward. In späterer Zeit fanden fortwährende Veränderungen statt. Im J. 39
verlieh Antonius dem Darios, einem Sohne des Pharnakes und
Enkel Mithradats, das Königreich Pontos[3]); ein andrer Sohn
des Pharnakes, Arsakes, suchte sich, wohl nicht viel später, in

---

[1]) Dass sich die Provinz Pontos nicht über den Halys erstreckte,
geht aus Strabos Angaben XII cp. 3 deutlich hervor. Auf der Ostseite
des Halys liegt zunächst am Meere die Landschaft Gazelonitis, die
Pompejus theils dem Dejotaros, theils der Republik Amisos zutheilte
(§ 13). Weiter südlich folgt Phazemonitis, wo Pompejus Neapolis gründete; er scheint dieser Stadt Autonomie verliehen zu haben; Strabo
sagt nur (§ 38): Πομπήιος μὲν οὖν οὕτω διέταξε τὴν Φαζημωνῖτιν· οἱ
δ' ὕστερον βασιλεῖσι (d. i. dem Polemo) καὶ ταύτην ἔνειμαν. Dann folgt
das Gebiet von Amasia (§ 39), das erst 7 v. Chr. Provinz ward. Wenn
daher Strabo § 9 sagt: von Paphlagonien gehörte dem Mithradates die
Küste, τῆς δὲ μεσογαίας τὴν μὲν ἐγγυτάτω ἔσχε, ἧς τινα καὶ πέραν
τοῦ Ἅλυος διέτεινε (καὶ μέχρι δεῦρο τοῖς Ῥωμαίοις ἡ Ποντικὴ ἐπαρχία
ἀφώρισται), so kann sich dies nur darauf beziehen, dass der Halys nur
ungefähr, nicht aber durchweg genau die Grenze Paphlagoniens bildete
(vgl. § 25).

[2]) Strabo XII 3, 39: ἐδόθη δὲ καὶ ἡ Ἀμάσεια βασιλεῖσι, νῦν δ'
ἐπαρχία ἐστί. Vielleicht gehört Darios hierher. Das Datum ergibt
sich aus den Münzen.

[3]) Appian Civ. V 75.

Phazemonitis zu erheben, ward aber besiegt.[1]) Schliesslich gab Antonius das ganze Land, so weit es nicht Provinz oder autonom war, dem Polemo, dem Sohne des angesehenen Laodikeners Zenon. Er wurde von Augustus bestätigt, später auch mit Kolchis und zuletzt mit dem bosporanischen Reiche belehnt. Nach seinem Tode folgte ihm seine Gemalin Pythodoris, eine Enkelin des Antonius, und dann Polemo II. Dieser legte im J. 63 n. Chr. die Regierung nieder, worauf Nero Pontos definitiv in eine Provinz verwandelte.[2])

---

[1]) Strabo XII 3, 38, wo in der Vulgata ἐνταῦθα δὲ (in Sagylion) ἑάλω καὶ διεφθάρη ὑπὸ τῶν Φαρνάκου τοῦ βασιλέως παίδων Ἀρσάκης, δυναστεύων καὶ νεωτερίζων, ἐπιτρέψαντος οὐδενὸς τῶν ἡγεμόνων (der Römer)· ἑάλω δὲ οὐ βίᾳ, τοῦ ἐρύματος ληφθέντος ὑπὸ Πολέμωνος (I von Pontos) καὶ Λυκομήδους (von Komana, Bell. Alex. 66), βασιλέων ἀμφοῖν, ἀλλὰ λιμῷ das ὑπὸ einfach wegzulassen oder dafür εἰς einzusetzen ist.

[2]) Ueber die Polemoniden vgl. Mommsen, Ephem. epigr. I 270 ff. II 250 ff. — Dass die Namen Pontus Galaticus, Cappadocicus, Polemoniacus bei Ptolemaeos gar keine historische Bedeutung haben, braucht wohl nicht ausgeführt zu werden.

Berichtigung:
S. 96 Anm. 1 l. Liv. epit. 70 statt 90.